科学出版社"十三五"普通高等教育本科规划教材

普通高等教育基础医学类系列配套教材

供基础、临床、预防、口腔、护理等医学类专业使用

组织学与胚胎学实训教程

（第二版）

李红丽　苏炳银　主编

科 学 出 版 社
北　京

内 容 简 介

本教程是普通高等教育基础医学类系列教材《组织学与胚胎学》的配套教材。本教程由组织学实训和胚胎学实训组成,共19个实训,每个实训包括学习要点、实训内容、组织切片观察方法、示教、要点复习、思考题及重要结构的彩色图片,加入了重点内容的微课视频(扫描二维码即可观看)和重要专业名词的英文供读者参考。本教程能很好地满足组织学与胚胎学实训课的教学需求,是医学生必不可少的参考书。

本教程供高等医学院校本科生使用,也可供成人教育和医学专科教育教学使用。

图书在版编目(CIP)数据

组织学与胚胎学实训教程 / 李红丽,苏炳银主编. —2版.—北京:科学出版社,2021.9(2025.7重印)
普通高等教育基础医学类系列配套教材
ISBN 978-7-03-069301-3

Ⅰ.①组⋯ Ⅱ.①李⋯ ②苏⋯ Ⅲ.①人体组织学-高等学校-教材②人体胚胎学-高等学校-教材 Ⅳ. ①R32

中国版本图书馆 CIP 数据核字(2021)第 128799 号

责任编辑:闵 捷 / 责任校对:谭宏宇
责任印制:黄晓鸣 / 封面设计:殷 靓

科 学 出 版 社 出版
北京东黄城根北街16号
邮政编码:100717
http://www.sciencep.com

南京展望文化发展有限公司排版
苏州市古得堡数码印刷有限公司印刷
科学出版社出版 各地新华书店经销

*

2014年9月第 一 版 开本:787×1092 1/16
2021年9月第 二 版 印张:6 3/4 插页:10
2025年7月第二十七次印刷 字数:185 000
定价:48.00元
(如有印装质量问题,我社负责调换)

普通高等教育基础医学类
系列配套教材

专家指导委员会

主任委员
李昌龙

副主任委员
孙　俊　余华荣　李红丽　胡华强

委　员
（以姓氏拼音为序）

巴桑卓玛（西藏大学）　　　　　　　代荣阳（西南医科大学）
高永翔（成都中医药大学）　　　　　关亚群（新疆医科大学）
胡华强（中国科技出版传媒股份有限公司）　李　建（成都大学）
李昌龙（四川大学华西基础医学与法医学院）　李红丽（陆军军医大学）
梁伟波（四川大学华西基础医学与法医学院）　刘　娟（宁夏医科大学）
楼迪栋（贵州中医药大学）　　　　　孙　俊（昆明医科大学）
唐俊明（湖北医药学院）　　　　　　文　彬（川北医学院）
吴向未（石河子大学）　　　　　　　夏　阳（电子科技大学医学院）
杨　美（重庆医科大学）　　　　　　杨　平（成都医学院）
杨　云（云南中医药大学）　　　　　姚新生（遵义医科大学）
余华荣（重庆医科大学）　　　　　　禹文峰（贵州医科大学）
张本斯（大理大学）　　　　　　　　邹智荣（昆明医科大学）

秘书长
梁伟波（四川大学华西基础医学与法医学院）

《组织学与胚胎学实训教程》
（第二版）
编委会

主　编
李红丽　苏炳银

副主编
杨　岚　梅　峰

编　委
（以姓氏拼音为序）

蔡其燕（陆军军医大学）　　　　韩　艺（西南医科大学）
李　敏（成都中医药大学）　　　李　坪（昆明医科大学）
李红丽（陆军军医大学）　　　　刘运来（陆军军医大学）
梅　峰（陆军军医大学）　　　　牛建钦（陆军军医大学）
彭　彦（重庆医科大学）　　　　苏炳银（成都医学院）
田衍平（陆军军医大学）　　　　王嘉丽（陆军军医大学）
王建伟（重庆医科大学）　　　　文晓红（川北医学院）
肖　岚（陆军军医大学）　　　　杨　岚（成都中医药大学）
杨　琴（成都医学院）　　　　　杨桂枝（四川大学）
余　鸿（西南医科大学）

第二版前言

组织学和胚胎学是两门以形态学为主的学科，以微观世界观察人体的发育过程和组织特点。在这两门课的教学过程中，除了理论知识的学习外，组织切片的观察实践在培养学生的视觉认知和形象思维方面是非常重要的，也是学习的重点。本教程是在理论知识学习后，学生在观察切片的过程中使用的教程，书中关于如何观察各组织切片等学习要点的内容和细节描述清晰详细，能对学生观察学习起到引导和提示作用。

《组织学与胚胎学实训教程》(第一版)作为科学出版社普通高等教育"十二五"规划教材和普通高等教育基础医学类系列配套教材，于2014年由科学出版社出版。本教程汇聚了全国8所医学院校的19位老师的劳动成果，出版后广受好评。为了更好地满足新时代教学改革的发展和促进教材电子化、信息化的要求，第二版教程在第一版教程的基础上，不断总结经验，对实训内容进行全面整理，凝练文字，更新了重要结构的彩色图片，加入了重点内容的微课视频(扫描二维码即可观看)和重要专业名词的英文，力争更好地满足组织学与胚胎学实训课的教学需求。

本教程的面世，是全体编委会成员智慧的结晶。在此，表示衷心感谢。同时也感谢第一版的全体编委为本教程所做出的贡献。

由于时间和水平有限，如有疏漏和错误之处，敬请同仁和使用本教程的师生们批评指正，以使本教程日臻完善。

主编

2021年1月

第一版前言

组织学和胚胎学是两门以形态学为主的学科，从微观世界观察人体的发育过程和组织特点。在这两门课的教学过程中，除了理论知识的学习外，组织切片的观察实践也是学习的重点。组织切片的观察在培养学生的视觉认知和形象思维方面是非常重要的。但遗憾的是，在学习过程中学生很难正确全面地观察切片。本教程是在理论知识学习后，学生观察切片的过程中使用的教材，书中关于如何观察各组织切片等学习要点的内容和细节描述清晰详细，能对学生观察学习起到引导和提示作用。

本教程由全国8所大学和医科院校的19位老师共同编写而成。教程中每个实习包括学习要点、学习内容、切片观察的方法和要点及重要结构的彩色图片供学生参考。此外，增加了复习要点和思考题。根据新世纪人才培养目标要求，本教程前期已在部分院校中尝试使用6年的基础上，不断总结经验，对实习项目和内容进行了更新和优化，进一步加强理论联系实际，巩固和丰富所学知识，引导学生主动学习，有利于培养学生严谨的科学作风和创新思维能力。本教程能很好地满足组织学与胚胎学实习课的教学需求，是医学生必不可少的配套参考书。

由于时间和水平有限，难免有疏漏和错误之处，敬请同仁和使用此教程的师生们批评和指正。

主编
2014年6月

目 录

第二版前言
第一版前言

实训一　组织学绪论 …………………………………………………………………… 001
实训二　上皮组织 ……………………………………………………………………… 010
实训三　结缔组织 ……………………………………………………………………… 016
实训四　血液 …………………………………………………………………………… 021
实训五　软骨和骨 ……………………………………………………………………… 025
实训六　肌组织 ………………………………………………………………………… 029
实训七　神经组织 ……………………………………………………………………… 034
实训八　眼和耳 ………………………………………………………………………… 038
实训九　循环系统 ……………………………………………………………………… 045
实训十　皮肤 …………………………………………………………………………… 050
实训十一　免疫系统 …………………………………………………………………… 055
实训十二　内分泌系统 ………………………………………………………………… 060
实训十三　消化管 ……………………………………………………………………… 065
实训十四　消化腺 ……………………………………………………………………… 072
实训十五　呼吸系统 …………………………………………………………………… 077
实训十六　泌尿系统 …………………………………………………………………… 082
实训十七　男性生殖系统 ……………………………………………………………… 086
实训十八　女性生殖系统 ……………………………………………………………… 090
实训十九　胚胎学总论 ………………………………………………………………… 096

彩色附图 ………………………………………………………………………………… 099

实训一

组织学绪论

学习要点

掌握：显微镜的结构及其使用方法。
了解：石蜡切片、HE 染色标本制作过程。

组织学（histology）是研究正常人体的微细结构及其相关功能的科学，主要研究工具是显微镜。组织学实训课是通过正确而熟练地在镜下识别主要器官的结构及其基本组织和细胞成分，描述标本组织切片的特点，验证课堂讲授的理论知识，使理论与实际相结合的课程。通过实训课的直接观察，加强形态学描述和描绘技能训练，培养分析问题和解决问题的能力，加深对理论知识的理解，牢固地掌握组织学基本知识。

一、显微镜的结构及使用

显微镜是医学科学中常用的贵重精密光学仪器之一，是组织学实训的主要工具。在使用过程中应对同学作如下要求：① 熟悉显微镜各部分的性能和用途，仔细小心，养成正规操作的习惯；② 掌握显微镜观察和分析组织标本的技能；③ 自觉遵守显微镜管理和使用制度，严防损坏。

（一）显微镜的主要结构

1. 机械装置部分 镜体、目镜（筒）、载物台、卡片器、推进器、物镜转换器、粗调节螺旋、细调节螺旋、屈光度调节环、孔径光阑调节杆、电源开关、电压调节钮、聚光器升降杆、载物台、光栅、CCD 接口、镜臂。

2. 光学系统部分 目镜（放大倍数为 8× 或 10×）、物镜（包括放大镜 4×、低倍镜 10×、高倍镜 40×、油镜 100×）、聚光镜、光源。

请根据图 1-1 熟悉显微镜的结构，并熟练掌握显微镜的使用方法。

（二）显微镜的使用方法

1. 取放 自镜箱中取出或放入显微镜时，应以右手握镜臂，左手托镜座，使镜身保持平稳。拿显微镜时，要轻拿轻放，严禁镜身倾斜，前后摇摆，致使目镜或反光镜脱落损毁，

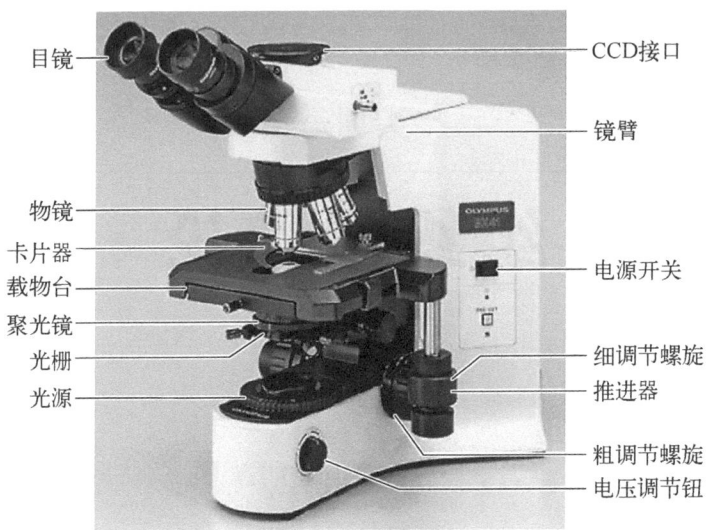

图1-1 显微镜的结构

以免碰坏显微镜。

2. 使用前后均要进行检查　经常保持显微镜的清洁,显微镜上的各种配件不可任意取下或拆开,如有损坏要及时报告并登记,以便处理与修复。如有油脂沾污,可用擦镜纸沾少许二甲苯轻擦。切勿用手或手帕和其他纸张擦拭光学系统部分,以免磨损。

3. 电源　打开电源开关,适当调整电压(或光线亮度)。

4. 对光　转动物镜转换器,对正低倍物镜,肉眼从镜侧注视,转动粗调节螺旋使物镜距载物台平面5 mm左右。眼睛从目镜观察,适当调整光亮,以使整个视野均匀为准。从双筒显微镜的目镜中观看时,应根据个人的眼距不同,调节两目镜之间的距离,使两个视野重合为一个大的视野。

5. 标本放置和视野调整　将标本用卡片器固定好,调整切片位置使标本对准聚光中心,以便观察。以左手调节粗细调节螺旋,右手移动推进器。如视野偏暗、明暗不匀或模糊时,可从以下几方面检查并作适当处理：① 物镜是否对正？ ② 聚光器光圈开得大小如何？ ③ 聚光器的高低如何？ ④ 目镜、物镜、聚光器的聚光镜是否沾污？

6. 观察完毕　将标本取下,按编号顺序放入标本盒内。关闭电源开关,注意程序是：① 将光源关至最小；② 关掉电源开关；③ 拔掉插头。

(三) 正确地进行标本观察

观察标本时要明确本次实训的目的与要求,按照实训教程进行。首先了解标本的名称、取材部位、制片方法、切片方位及染色方法,然后按照肉眼观察、低倍镜观察和高倍镜观察的顺序进行系统观察标本。

特别需要指出的是：应重视低倍镜下的观察,了解组织切片的全貌、层次和部位关系。有许多标本,在低倍镜下即可达到观察的主要目的；而高倍镜下观察的只是局部结构的放大。切勿放置标本后立即用高倍镜观察或寻找目标,这样会迷失方位,限制视野,混淆层次,建立不起整体概念,以致观察结果不全面、不准确,甚至错误。这是一般初学者易犯的毛病,希望引起高度重视。

1. **肉眼观察** 对着白色背景用肉眼观察标本的大小、形状、颜色及取材方位。

2. **低倍镜观察** 取标本，擦净，使盖玻片朝上而载玻片在下，放在载物台上，用卡片器夹好，并用推进器将标本移到载物台通光孔正中。转动物镜转换器，将低倍物镜（4×或10×）对准标本，慢慢旋转粗螺旋，镜头下降至近玻片，从目镜观察，同时慢慢转动细调节螺旋，使物镜缓缓上升，调节焦点距离，直至看到清晰的物像为止。观察标本时，如果光线太强，或标本染色太浅，透明度较大，可将光调暗；反之，如果光线太暗或标本染色很深，应将光调亮。总之，要使光亮适宜观察。

3. **高倍镜观察** 目的是对某些部位的结构进一步放大观察，以了解其微细构造，是在完成低倍镜观察要求的前提下进行的。先将选好需要观察的部位移至视野正中，然后转换高倍镜（40×）进行观察，应用细螺旋调节焦距，看到清晰物像。注意不要用粗螺旋调节焦距压碎玻片，甚至将镜头损坏。达到高倍镜观察目的后，还可再用低倍镜观察，这样低倍、高倍镜反复使用，使一般与特殊结构紧密结合。

4. **油镜观察** 实训课中仅在观察血液和骨髓涂片时需要使用。也应遵循肉眼、低倍、高倍的顺序进行初步观察。将选好的观察部位移至视野中央，先提高镜筒，转换油镜头（100×），再在标本上滴一滴镜油，小心地将镜筒下降，同时肉眼看着将镜头浸入油内，并可使之与标本轻微接触。然后一方面用眼睛自目镜观察，一方面慢慢转动细螺旋使镜筒微微上升，直到看清物象后，再用细螺旋继续调节，进行观察。注意，切不可用下降镜筒的办法对焦点，这样是容易损坏标本的。

注意：应用镜油的时候，切不可将镜油接触到高倍镜和低倍镜的镜头，否则将造成应用高倍镜和低倍镜观察模糊，影响学习。实训完毕后，先用擦镜纸擦净物镜上的油，再换一张纸，滴少许二甲苯，轻轻擦净镜面上的油迹，再换一张擦镜纸擦去二甲苯。标本上的油迹也用此法清除。

(四) 观察标本时应注意的事项

1. **注意标本的平面与立体的关系** 人体结构极为复杂，就同一个器官或细胞来说，它是一个立体结构，但切片标本所观察的图像是平面的，所切的部位不同或所切的方向不同，则切片所显示的物像就不同。因此，在观察时，要建立起立体概念。例如，我们将一个细胞用一个鸡蛋表示，通过不同方向和部位所作的各种切面，则可得到不同的物像，如图1-2所示。若对呈辐射状排列的细胞群体作各种切面，其各种物像如图1-3所示。若对呈管状的器官作各种切面，其形状如图1-4、图1-5所示；若对呈束状的器官作各种切面，其形状如图1-6所示。

2. **注意标本的不同生理动态变化** 机体在不同生理情况下，同一组织结构是有改变的，如腺体在分泌过程中，其细胞构造就不断地发生着变化。所以，在观察时要有一个动态的观念。

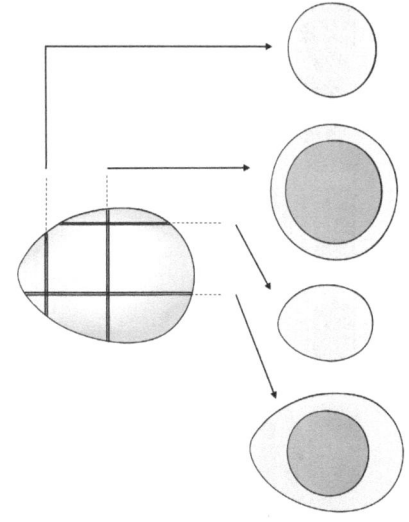

图1-2 鸡蛋的各种切面

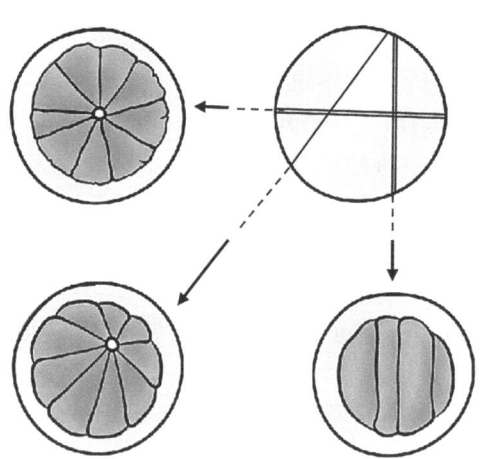

图1-3 辐射状排列的细胞群体的各种切面

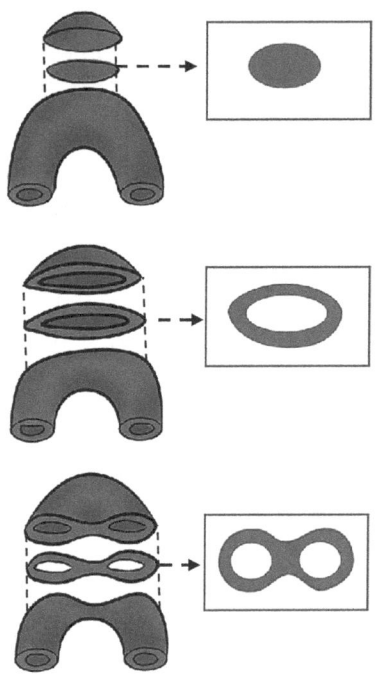

图1-4 弓形管状器官的各种切面

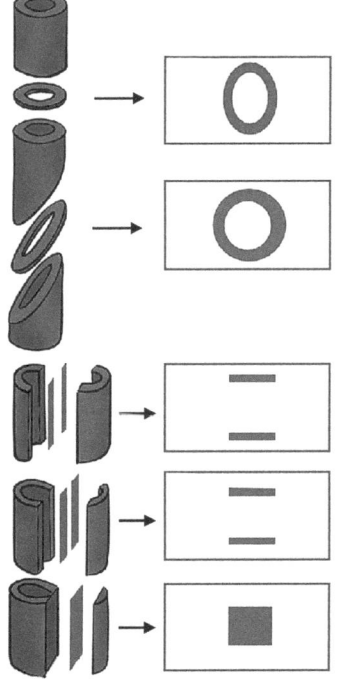

图1-5 管状器官的各种切面

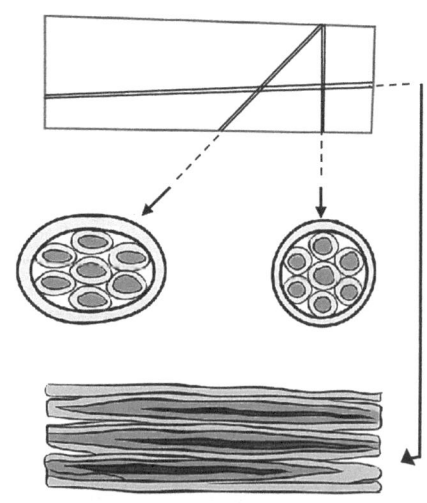

图1-6 束状器官的各种切面

3. 注意标本的多种染色方式的综合运用　我们所观察的标本是死组织,是经过复杂的技术过程制成的,而且一张标本只能用某一种染色方法制作。因此,它不能够显示出组织、细胞所有的结构。所以,在实训过程中还要观察一些示教材料,如特殊染色等,以补不足。同时要将这些不同的材料、标本进行综合分析,使认识更加全面与深刻。

4. 注意标本中的人为现象　由于制片技术上的原因,有时在标本中会出现一些人为缺陷,并非组织结构,应予鉴别。人为缺陷包括① 刀痕:因切片刀锋有缺口造成组织标本纵行刀痕。② 裂纹:组织透明、浸蜡的时间过长,组织脆硬,切片时可引起组织裂开,呈不规则裂纹。在制片过程中,由于组织或细胞各部分结构的收缩不一致,或贴片时水温过高,也可导致某些人为裂隙。③ 皱褶:贴片时组织未充分展平或标本铺得不平整而发生皱褶。④ 气泡:封片时将少许空气封入切片树胶中。⑤ 遗留物:如染色时残留的染料沉渣或固定液化学物质没有除净而出现的沉淀物等。

(五)观察记录与绘图

组织学实训的观察记录主要是绘图描记所见,它可以帮助理解与记忆。绘图时要突出主要内容,力求准确地表现出组织结构的特点及其相互关系。绘图可用有色铅笔,注字用普通铅笔。绘图要求比例适当,描绘准确,注字工整,以养成严谨的科学态度。

二、组织学标本制作的基本过程与原理

1. 目的　了解组织学标本制作的程序和各步骤的作用。

2. 标本制作要求　① 尽可能保存组织生前结构;② 标本要透明,可容显微镜下的光线通过;③ 不同的结构在显微镜下必须能显出不同影像;④ 标本可长期保存以供长期观察。

组织学的研究方法很多,但概括起来可分为活体观察和死后观察两类。

(1) 活体观察:即观察细胞、组织或器官在生活时的形态结构,不易长期保存,而且有许多结构不能看到。在组织学实训课中一般不用这种方法。

(2) 死后观察:即从致死或近死的机体中取出组织或器官,经过标本固定等技术处理、制成标本,观察其形态结构,并根据形态变化推测生活时的状态。该方法的优点是可以显示出各种不同变化经过的成分,所制标本又能长期保存,反复观察。在实训中所观察的都是这类标本。

普通常用的组织学标本制作过程及其基本原理简介如下:

石蜡包埋切片标本制作法

石蜡包埋切片、苏木精-伊红染色是最常用的组织学标本制作方法,包括以下几个步骤:取材、固定、水洗、脱水、透明、浸蜡、包埋、切片、贴片、染色、脱水、透明和封固。

1. 取材、固定

(1) 取材:即从动物体内取下某一器官或组织材料的过程,大小约 0.5 cm^3 为宜,尽量保证为新鲜组织材料。材料的来源一般是来自尸检或取自实验动物。因此,动物在麻醉下或以不同方法致死后,应立即进行取材,操作宜细致迅速,要尽量减少细胞、组织在机体

死后的改变和避免对组织的机械损伤。组织在动物死后或离体后会很快解体，原因可能是由于细菌或组织本身所含酶的分解所致。取材后要立即进行固定，以停止其分解作用，尽可能保存细胞组织生前的结构和成分。

（2）固定：固定（fixation）是一种化学及物理过程，使其蛋白质等成分迅速凝固，其目的是为防止组织的自溶和细菌的侵入，使组织固定硬化，以保持其在取材时的形态结构。固定时所使用的化学溶液，称为固定液。

常用的固定液包括① 单纯固定液：即用单一的化学物质配制成的固定液。如乙醇、甲醛、乙酸、锇酸等。② 混合固定液：用数种化学物质配制成的固定液。一般来讲，采用混合固定液较好，但固定液的选择，以组织的种类不同和显示组织组成成分的目的需求不同而异。常用的固定液配方包括以下五种。

1）Susa 液：使用时取等量的Ⅰ液和Ⅱ液混合后，将组织块投入，固定 24 h。

成　　分	含　　量
Ⅰ液	
氯化汞（升汞）饱和水溶液	50.0 ml
Ⅱ液	
氯化钠	0.5 g
三氯乙酸	2.0 g
冰醋酸	4.0 ml
甲醛（40%）	20.0 ml
蒸馏水	30.0 ml

2）Helly 液：使用之前加入 40% 甲醛 5.0 ml。

成　　分	含　　量
重铬酸钾	2.5 g
氯化汞	5.0 g
硫酸钠	1.0 g
蒸馏水	100.0 ml

3）10% 甲醛。

成　　分	含　　量
甲醛	10.0 ml
蒸馏水	90.0 ml

4）Bouin 液。

成　　分	含　　量
苦味酸饱和水溶液	75.0 ml
40% 甲醛	25.0 ml
冰醋酸	5.0 ml

5) Carnoy 液。

成　　分	含　　量
无水乙醇	6 份
氯仿	3 份
冰醋酸	1 份

2. 水洗、脱水、透明、浸蜡、包埋

这几个步骤是为了将组织包埋在较硬的物质即石蜡中，以便制备较薄的石蜡切片。

(1) 水洗：多采用自来水冲洗，其目的是洗去多余的固定液。

(2) 脱水：脱水(dehydration)是将组织内的水分完全脱净。这是继固定后的重要步骤，普通固定液大多是水溶液，脱去组织内的水分可使下一步的透明剂渗透到整个组织中去。否则在以后的切片时组织会碎裂。脱水剂通常使用乙醇、丙酮等。用乙醇脱水的步骤是逐步升高乙醇溶液的浓度，以去净组织块内的水分，最后完全由纯乙醇取代。固定后的组织块，脱水时应依次经过 70%、80%、90%、95% 乙醇和无水乙醇。

(3) 透明：透明(cleaning)是为了给浸蜡和包埋做必要的准备。因为大多数脱水剂不能与石蜡相溶，透明剂则具有与脱水剂和包埋剂相溶的特性。常用的透明剂为二甲苯。组织块经脱水后再用二甲苯置换出乙醇。透明时间根据组织块的大小及性质而定。组织经透明剂处理后呈透明状态。

(4) 浸蜡和包埋：包埋就是用包埋剂渗透到整个组织块内，以加强组织块的硬度，防止脆裂，保存组织结构的完整性，便于切片。石蜡包埋是组织学制片中最常用的包埋法，石蜡熔点低，不易损伤组织。石蜡包埋时，先将透明好的组织块置入已在温箱(58~60℃)内熔化的石蜡内，放置 2~3 h，使石蜡浸入组织并替换出二甲苯，这个过程称浸蜡。然后在包埋器(金属的或纸质)倾入熔化的石蜡，将浸透蜡的组织块放入包埋器内，摆好间距和方位，等蜡液表面凝固后，将包埋器投入冷水浴中，使石蜡冷却凝固，也可以让其自然冷却。包埋后的组织蜡块，经过修整即可用于切片。包埋剂实际是起支持作用。

3. 切片和贴片

(1) 切片：一般有以下 4 个步骤。

1) 将组织蜡块托用切片机标本固定夹固定；

2) 将切刀片固定于持刀器上并锁定，调整蜡块与切片刀的距离；

3) 调整切片厚度，一般切片厚度为 5~6 μm；

4) 转动标本推进手轮，每转动一周，得到一张 5~6 μm 厚度的蜡片(内含组织切片)；如手轮连续转动，就可获得一条连续的蜡带。

(2) 贴片：是把切好的蜡片粘贴在载玻片上。将蜡片置入温水中展开(利用水的表面张力)，然后将蜡片移到干净的防脱载玻片上，摆好蜡片位置，放入烤箱中，烤箱调至 37℃，直至蜡片烤干。等蜡片干燥并牢固地附着于载玻片后，即可取出，进行染色。

4. 染色、脱水、透明、封固　染色是利用化学染料与组织和组织内的结构发生作用，使其结构呈现有色反应，从而改变了它们的折射率，显示不同的颜色以便于在显微镜下观察并区分。染色的方法很多，可根据研究目的选用。组织学和病理学教学标本的最基本最常用的染色方法是苏木精（hematoxylin）-伊红（eosin）染色（简称 HE 染色）。该方法可将细胞核染成蓝紫色，细胞质染成粉红色，使细胞结构对比分明。所以，HE 染色是一种对比染色，可以清晰地显示出组织和细胞的主要构造。

具体染色步骤如下：

（1）脱蜡：将裱好的干燥切片放入二甲苯内 2 次，每次放置 2 min。

（2）脱二甲苯：脱蜡后，切片入 100% 乙醇 2 次，每次 2 min，以洗去二甲苯；然后经 95%、90%、80% 和 70% 乙醇，每级 2 min；随后入蒸馏水浸洗。

（3）苏木精染色：将蒸馏水浸洗后的切片放入苏木精染液中，浸染 5～10 min。

（4）蓝化和分色：切片由染液取出以后，用自来水冲洗，等切片变成蓝色后，再用含 0.5%～1% 盐酸的 70% 酒精溶液进行分色，脱去多余的染料。然后再用自来水冲洗，使之蓝化，需 5～10 min。

（5）伊红染色：切片用蒸馏水浸洗后，放入 1% 伊红水溶液，浸染 5～10 min（有的 HE 染色方法是将伊红配成 1% 伊红 90% 酒精溶液，因此，伊红染色在脱水的步骤中完成）。

（6）脱水：将切片用蒸馏水洗去附在载玻片上的染液后，经 70%、80%、90%、95% 酒精和 2 次无水酒精脱水，每级一般为 2 min。

（7）透明：切片入二甲苯透明 2 次，每次 2 min。

（8）封固：从二甲苯中取出切片，在切片的组织上滴加适量树胶，上面再加一盖玻片，使树胶布满于盖玻片与载玻片之间的间隙，使组织与空气隔绝，封固即告完成。将封好的切片标本放入烤箱，待盖玻片黏着牢固后，即获得可供长期观察和保存的 HE 染色标本。

三、关于电镜照片的观察

电子显微镜的应用，使细胞、组织的结构从显微水平发展到超显微水平。一般光学显微镜的分辨率可达 0.2 μm，放大约 1 000 倍。而电子显微镜的分辨率高达 20 nm，放大几万到几十万倍。所以，在电镜下所显示的结构，一般称为超微结构。观察电镜照片时，需要与光镜下的结构相结合，以便更加深入地理解超微结构及其机能关系。

通常观察的电镜照片有三种。

1. **透射电镜照片** 透射电镜（transmission electron microscope）标本的染色是用乙酸铀及枸橼酸铅等重金属进行电子染色，染色的作用是加强超微结构的反差。细胞内不同结构的主要区别是通过染色后所呈现出的电子密度高低来识别的，成为黑白对比的影像。

2. **扫描电镜照片** 扫描电镜（scanning electron microscope）主要是用以观察细胞、组织和器官的表面形态和结构。它所显示的图像真实而富于立体感，其标本制作过程为在标本表面，真空蒸涂一层导电的金属膜，即可观察。

3. **冷冻蚀刻复型电镜照片** 冷冻蚀刻技术（freeze etching）是用以研究生物膜结构的方法，标本不经包埋和切片，甚至也不需固定，只将标本在甘油内浸泡一下，以防冰晶形成，然后在低温下冷冻，并以特殊装置的刀片，沿生物膜类脂层的水将它劈开，再在真空状态下，在劈开面上喷镀金属膜，制成复型标本。在透射电镜下观察到的是膜劈开面的复型金属膜，它显示了两个剖面，一面为面向细胞质的面，称为 A 面（又称 PF 面或 P 面），此面蛋白质颗粒较多；另一面为邻近细胞间质的面，称为 B 面（又称 EF 面或 E 面），蛋白质颗粒较少。因为劈开时,可将相邻细胞膜同时劈开,故呈阶梯状裂隙,结果在复型的面上,可出现膜的 A 面及 B 面。A、B 面互补,即在 A 面上显示出颗粒或嵴纹,而在互补 B 面上呈凹陷或沟渠。这是在观察时应特别注意的要点。如在相邻细胞的紧密连接处,在 A 面可见相连处形成嵴,互相连接成网;而在互补的 B 面,则出现相应的沟纹。在缝隙连接处,A 面有密集细小的蛋白质颗粒,而在 B 面则出现相应的小凹。

四、要点复习

1. **组织学** 组织学是研究机体微细结构及其相关功能的科学,是在组织、细胞、亚细胞和分子水平上对机体进行研究。组织是由细胞群和细胞外基质构成的。人体组织可归纳为四大类型,即上皮组织、结缔组织、肌组织和神经组织。细胞是机体结构与功能的基本单位,是组织的构成基础。不同的细胞有各自的亚细胞结构特点,所有的亚细胞结构又是由各种分子构成。

2. **光镜技术** 光镜技术是观察组织切片最常用的技术。制备组织切片经典而最常用的技术是石蜡切片术,基本程序为:取材、固定、脱水、石蜡包埋、切片、染色、封片。切片染色最常用的方法是苏木精-伊红染色(HE 染色)。苏木精染液为碱性,主要使细胞核内的染色质与胞质内的核糖体着紫蓝色;伊红染液为酸性,主要使细胞质和细胞外基质中的成分着红色。易于被碱性或酸性染料着色的性质分别称为嗜碱性和嗜酸性。

3. **电镜技术** 有透射电镜术和扫描电镜术两种。透射电镜术:用戊二醛与锇酸两次固定,脱水后树脂包埋,超薄切片后经醋酸铀和柠檬酸铅染色。用高电子密度和低电子密度描述。扫描电镜术:不需要制备切片,用于显示标本表面的立体构象。

4. **组织化学术** 为应用化学、物理、生物化学、免疫学或分子生物学的原理和技术,与组织学技术相结合而产生的技术,能在组织切片定性、定位地显示某种物质的存在与否,以及分布状态。

(1) 一般组织化学术:主要显示糖类(如 PAS 反应)、脂类、核酸和酶类等。

(2) 免疫组织化学术:根据抗原与抗体特异性结合的原理检测组织中肽和蛋白质的技术。常用标记物有荧光素、辣根过氧化物酶和胶体金。

(3) 原位杂交术:即核酸分子杂交组织化学术。用于检测基因(DNA 片段)的有无及在转录水平检测基因的活性(mRNA)。其原理是用带有标记物的已知碱基序列的核酸探针,与细胞内待测的核酸按碱基配对的原则,进行杂交,然后通过对标记物的显示和检测,而获知待测核酸的有无及相对量。常用的标记物有放射性核素与地高辛精。

5. **其他技术** 放射自显影术、图像分析术、细胞培养和组织工程等。

五、思考题

(1) 组织结构和细胞对不同染料的结合特性有哪几种?

(2) 与光镜技术比较,透射电镜术的主要特点有哪些?

(3) 说明免疫组织化学技术检测组织和细胞内蛋白质抗原的基本原理和关键技术。

(4) 掌握下列名词概念:组织学、HE 染色。

(李红丽)

实训二

上皮组织

学习要点

掌握：① 单层扁平上皮细胞的形态结构。② 单层柱状上皮的形态结构。③ 复层扁平(鳞状)上皮的形态结构。④ 假复层纤毛柱状上皮的形态结构。

了解：① 单层立方上皮的形态结构。② 变移上皮细胞的形态特征,并与复层扁平(鳞状)上皮相区分。

一、实训内容

(1) 上皮组织切片观察：见表 2-1。

表 2-1 上皮组织切片观察

	器官来源	染色方法
重点内容		
单层扁平上皮(simple squamous epithelium)	肾	HE 染色
单层柱状上皮(simple columnar epithelium)	小肠	HE 染色
假复层纤毛柱状上皮(pseudostratified ciliated columnar epithelium)	气管	HE 染色
复层扁平上皮(stratified squamous epithelium)	食管	HE 染色
参考内容		
单层立方上皮(simple cuboidal epithelium)	肾	HE 染色
单层立方上皮	甲状腺	HE 染色
单层柱状上皮	胃	HE 染色
变移上皮(transitional epithelium)	膀胱	HE 染色

(2) 示教内容。

二、组织切片观察方法

(一) 单层扁平上皮(肾切片)

1. **肉眼观察**　可见标本在着色上大致区分为深、浅两部分。着色深的为肾皮质,着色浅的为肾髓质。

2. 低倍镜观察　移动标本,全面观察,在肾皮质内可见很多球团状结构,散布在皮质内,即肾小体,是我们观察的目标。肾小体中央有一团组织,外围以单层扁平上皮细胞构成的囊状结构,即肾小囊。选一囊腔清楚的肾小体,移至视野中央,转换高倍镜观察。

3. 高倍镜观察　肾小囊壁层是由单层扁平上皮构成,因为肾小体的囊壁如同一个皮球的囊壁一样,包在肾小体的外面,所以任何切面都呈现一个环状的膜。我们看到的是单层扁平上皮的侧面观,细胞核为扁平状,略向肾小囊腔突出。细胞质很少,呈淡红色,围在核的周围并向两端伸延,但细胞间界限不清(彩图 2-1)。

(二) 单层柱状上皮

1. 小肠切片

(1) 肉眼观察:组织切片为长条形,肉眼仔细观察可区分出黏膜面和浆膜面,一侧表面起伏不平、因细胞密集呈现蓝色,为黏膜面,是显微镜下重点观察的部分。

(2) 低倍镜观察:小肠的腔面即黏膜面可见有许多指状突起,是小肠绒毛。每一个绒毛的表面被覆的上皮组织即是单层柱状上皮。可见细胞整齐排列成一层,细胞核排列在一个平面上,位于细胞的基底部,染成蓝色,游离端细胞质被染成粉红,最表面可见深粉红色的边缘。选取上皮细胞排列整齐的部位用高倍镜观察。

(3) 高倍镜观察:可见单层柱状上皮细胞由两种组成:一种是高柱状,称柱状细胞;另一种呈高脚酒杯状,称杯状细胞。

1) 柱状细胞:呈高柱状,排列整齐,细胞核长椭圆形,位于细胞基底部,染色较浅;细胞质被染成粉红色。在柱状细胞游离面可见一条被染成粉红色、厚度均一的膜状结构,称为纹状缘(striated border)(大家思考一下,纹状缘是如何形成的? 电镜下是什么结构?)。在细胞的基底部隐约可见起伏不平的粉红色线,即为基膜(basement membrane)。

2) 杯状细胞:杯状细胞(goblet cell)散在分布于柱状细胞之间,形似高脚酒杯状,其顶部膨大呈空泡状(空泡是由于杯状细胞所产生的分泌颗粒在制片过程中被溶解所致),底部较细窄,较窄部分可见细胞核,着色较深,呈三角形或不规则形(杯状细胞游离面有无纹状缘? 为什么?)。

此外,在上皮细胞之间可见侵入上皮内的、小而圆的淋巴细胞。细胞核为圆形,着深蓝色,细胞质甚少(彩图 2-2)。

2. 胃切片

(1) 肉眼观察:切片呈长条状,染成蓝色的部分为黏膜层,染成红色的部分为其他各层。

(2) 低倍镜观察:可见黏膜层表面有一层排列很整齐的细胞,细胞核在同一平面上,这就是单层柱状上皮,它是被覆在胃的内表面,其游离面与食物接触。选一上皮完整区域用高倍镜观察。

(3) 高倍镜观察:上皮细胞为柱状,细胞核为卵圆形,位于细胞的基底部,染蓝紫色。细胞质着色浅,呈粉红色。细胞境界不甚明显,但将光线调暗时,仍隐约可见。无杯状细胞。

(三) 假复层纤毛柱状上皮(气管切片)

1. 肉眼观察　气管呈圆环形或"C"形,被覆在气管腔面(标本的凹面),着色较深的一条细线即为上皮,是重点观察的部分。

2. 低倍镜观察　沿气管腔面观察,可见假复层纤毛柱状上皮较厚,细胞较多,表面和基底面都很平整,但细胞核的高低不一致。上皮的表面可见有一层纤毛。选一完整部分用高倍镜观察。

3. 高倍镜观察　在上皮的游离面可见染成粉红色的细毛状结构,这就是上皮细胞游离面的纤毛。上皮细胞核排列有高有低,不在同一平面上,可分2~4层,形态也不相同,细胞间的界限不清楚,假复层纤毛柱状上皮的细胞可分为以下4种。

(1) 纤毛柱状上皮细胞:数量最多,是顶端较宽、基部较窄的一种高柱状细胞,细胞体达到腔面;细胞核较大,位置较高,呈椭圆形,染色较浅;细胞的表面具有一排清晰而整齐的纤毛,故亦称为纤毛细胞。

(2) 基底细胞:呈锥体形,位于上皮基部,该细胞界限不明显;细胞核较小,位置较低,呈椭圆形,染色较深。细胞顶端不达腔面。

(3) 梭形细胞:是两端尖而中间较粗的细胞,细胞质着色较深;细胞核呈椭圆形,较窄,位于中央。

(4) 杯状细胞:位于其他上皮细胞之间,其顶端达到上皮表面,游离端膨大,呈杯状,形态类似于在单层柱状上皮中所见。

以上细胞皆与基膜相接,只是细胞形态不一,排列不整齐,形似复层,实为单层(判断是单层还是复层的标准是什么?)。基膜明显,染成淡红色(彩图2-3)。

(四) 复层扁平(鳞状)上皮(食管切片)

1. 肉眼观察　因食道横断腔面有数条纵行皱襞而使其管腔呈不规则形,沿腔面着色深的部位为上皮所在处,是显微镜下重点观察的部分。

2. 低倍镜观察　可见食道复层扁平(鳞状)上皮较厚,由多层细胞组成,各层细胞形态各异,表层细胞扁平,趋向深面,细胞形态改变,染色深。上皮深面是染成粉红色的结缔组织,两者交界处是基膜,基膜不平整,有许多结缔组织乳头状突起伸入上皮。

3. 高倍镜观察　自基膜开始,由基底面向游离面观察各层上皮细胞形态。

(1) 基底层:位于基膜上的一排细胞,较小,为立方或矮柱状,排列紧密,细胞界限不清,细胞核呈椭圆形,细胞质嗜碱性较强。

(2) 中间层:在基底层上方有数层多边形细胞,细胞较大,境界清楚,细胞核呈圆形,位于细胞中央。多边形细胞向腔面逐渐移行为梭形的细胞,细胞核变成扁椭圆,染色变深。

(3) 表层:位于上皮的最表面,为数层细胞,较梭形细胞更为扁平,呈鳞状排列,细胞核呈扁平或梭形,染色很深。复层扁平(鳞状)上皮各层之间无明显分界(彩图2-4)。

(五) 单层立方细胞

1. 肾切片

(1) 肉眼观察:此标本在观察单层扁平上皮时已经看过,用肉眼找到着色较浅的髓质部分。

(2) 低倍镜观察:可看见许多管道切面,其中一些染色浅、中等大小的管道的管壁是由单层立方上皮构成,细胞之间的界限清楚。其细胞的高度和横径大致相等,核为圆形,位于细胞中央。

(3) 高倍镜观察:选取清晰的管道进一步观察上皮细胞的形态。

2. 甲状腺切片

(1) 肉眼观察：标本中粉红色的大片组织是甲状腺,有时甲状腺旁边可见紫色的点状结构是甲状旁腺。

(2) 低倍镜观察：甲状腺实质部分有许多大小不等、呈圆形或多边形的甲状腺滤泡断面。滤泡壁由单层立方上皮细胞组成,中央含有浅红色的均质的胶样物。

(3) 高倍镜观察：选择一个清晰的滤泡进一步观察上皮细胞形态。滤泡周围的基膜不明显,滤泡上皮细胞为立方形或矮柱状,细胞核位于中央,呈圆形,着色较深,可见核仁(彩图2-5)。

(六) 变移上皮(膀胱切片)

1. **肉眼观察** 此为膀胱壁的一部分,着色较深的一面比较平整,为腔面,是所要重点观察的变移上皮。

2. **低倍镜观察** 根据制作标本时膀胱所处的扩张状态或收缩状态而不同。扩张状态的膀胱上皮较平整,层数较少;收缩状态的膀胱表面有皱襞,上皮不平整,层数较多。但不论是扩张状态或是收缩状态,其共同特点是上皮层的厚度均匀,即表面均与基底面平行。在收缩状态,上皮表面较为弯曲,其基底面也随着上皮表面作平行的弯曲状,这是与复层扁平(鳞状)上皮的不同点之一。

3. **高倍镜观察** 收缩状态下有数层细胞,自基底面到游离面分辨变移上皮各层细胞的形态。

(1) 基底层：位于基膜上的一层细胞,胞体较小,呈立方形或矮柱状,染色较深,胞核圆形,也较小,位于中央。

(2) 中间层细胞：在基底层之上有2~3层细胞,细胞稍大,呈不规则形的多边形细胞或倒置的梨形,细胞核呈圆形,位于中央。

(3) 表层细胞：是一层位于上皮最表面的细胞,又称盖细胞。细胞体积较大,为长方形、立方形或扁平形,有时可见一个细胞内有两个细胞核。细胞质嗜酸性,特别是在游离面的细胞膜下着色更深,这是外胞质浓缩的现象(彩图2-6)。

三、示教

小肠上皮的PAS反应

1. **原理** 利用组织化学的过碘酸-Schiff反应(PAS)显示。过碘酸是一种强氧化剂,它可将糖分子中的1、2-乙二醇基氧化成乙二醛基;后者再与Schiff试剂内的无色亚硫酸品红相结合,形成不溶性紫红色的反应产物。因此,含糖分子的糖原、蛋白多糖、糖蛋白以及糖脂等均能显示出阳性反应。

2. **高倍镜观察**

(1) 基膜：位于上皮细胞的基底面与结缔组织交界处,染成浅紫红色、厚度均匀的薄膜,即PAS阳性反应之基膜。

(2) 纹状缘：被覆在绒毛上皮柱状细胞的表面,呈紫红色的、均匀一致的膜状结构(为什么?)。

(3) 杯状细胞：顶部含有大量呈紫红色的黏原颗粒,为PAS阳性反应。可见细胞核呈不规则形或三角形。

四、要点复习

1. 上皮组织的一般特点　① 上皮组织简称上皮,由大量形态规则、排列紧密的细胞组成。② 上皮细胞有明显的极性。③ 上皮的基底面附着于基膜上,并借此与结缔组织相连。④ 上皮内大都无血管。

2. 上皮组织的分类和功能　上皮组织主要分为被覆上皮和腺上皮两类,具有保护、吸收、分泌和排泄等功能,此外还有少量特化的上皮,如感觉上皮、肌上皮等。

3. 被覆上皮的类型和主要分布(表2-2)。

表2-2　被覆上皮的类型和主要分布

被覆上皮类型		主要分布
单层上皮	单层扁平上皮	内皮:心、血管和淋巴管
		间皮:胸膜、腹膜和细胞膜
		其他:肺泡和肾小囊
	单层立方上皮	肾小管、甲状腺腺泡等
	单层柱状上皮	胃、肠、胆囊、子宫等
	假复层纤毛柱状上皮	呼吸管道等
复层上皮	复层扁平上皮	未角化的:口腔、食管和阴道
		角化的:皮肤表皮
	复层柱状上皮	眼睑结膜、男性尿道等
	变移上皮	肾盏、肾盂、输尿管和膀胱

4. 腺上皮和腺　① 腺上皮是由腺细胞组成的以分泌功能为主的上皮。② 腺是以腺上皮为主要成分的器官,分为外分泌腺和内分泌腺。③ 外分泌腺由分泌部和导管两部分组成。泡状和管泡状的分泌部常称为腺泡,腺细胞一般可分为浆液性细胞和黏液性细胞两种。分别组成浆液性腺泡、黏液性腺泡和混合性腺泡。

5. 细胞表面的特化结构　① 上皮细胞的游离面:微绒毛(microvillus)和纤毛(cilium)。② 上皮细胞的侧面:紧密连接(tight junction)、中间连接(intermediate junction)、桥粒(desmosome)、缝隙连接(gap junction)。③ 上皮细胞的基底面:基膜、质膜内褶、半桥粒。

五、思考题

(1) 试述上皮组织的结构特点、分类和功能特点。
(2) 比较内皮和间皮、微绒毛和纤毛的异同点。
(3) 试从假复层纤毛柱状上皮存在的环境论述其结构与功能的统一。
(4) 复层扁平上皮耐摩擦的结构基础是什么?
(5) 试述缝隙连接的分布、结构和功能意义。
(6) 试述基膜的显微结构、化学成分和功能。

（7）掌握下列名词概念：内皮、间皮、微绒毛、纤毛、质膜内褶、紧密连接、中间连接、桥粒、缝隙连接。

（梅　峰）

实训二微课视频

单层扁平上皮

实训三

结缔组织

学习要点

掌握：疏松结缔组织在铺片和石蜡切片中的形态结构。
了解：① 致密结缔组织和脂肪组织的形态结构。② 网状组织的形态结构。

一、实训内容

(1) 结缔组织切片观察：见表 3-1。

表 3-1 结缔组织切片观察

	器官来源	染色方法
重点内容		
疏松结缔组织铺片	皮下组织	Verhoeff 染色，HE 复染（台盼蓝活体注射）Gomori 醛复红染色，HE 复染
疏松结缔组织切片	胃	HE 染色
不规则致密结缔组织（irregular dense connective tissue）	指皮	HE 染色
脂肪组织	指皮	HE 染色
参考内容		
规则致密结缔组织（regular dense connective tissue）	腱	HE 染色
网状组织	淋巴结	镀银染色

(2) 示教内容。
(3) 动手操作：制作疏松结缔组织铺片和肥大细胞染色。

二、组织切片观察方法

(一) 疏松结缔组织

1. 皮下组织铺片

(1) 肉眼观察：铺片上的组织呈紫红色的不规则片状。

(2) 低倍镜观察：移动标本，全面观察，可见粗细不等、染色不同的纤维纵横交错排列，交织成网，细胞散在分布于网眼中。选择组织铺得较薄、纤维交织疏松、染色相对浅的区域，进一步用高倍镜观察。

(3) 高倍镜观察：注意分辨两种纤维、两种细胞和基质（彩图3-1）。

1) 胶原纤维(collagenous fiber)：染成粉红色，较粗大，有分支，部分呈波浪形，部分走形较直，交错排列。

2) 弹性纤维(elastic fiber)：染成深紫蓝色，较细，有分支，纤维的断端常有卷曲现象。

3) 成纤维细胞(fibroblast)：数量较多，常常仅只能看到较大、呈椭圆形、浅蓝色的细胞核，该细胞的胞质或轮廓看不清楚。

4) 巨噬细胞(macrophage)：细胞体积较大，呈不规则形，细胞核小，着色深，胞质内可见到大小不等、分布不匀、蓝色的吞噬颗粒，实为台盼蓝染料颗粒（彩图3-1）。

5) 基质(ground substance)：上述纤维彼此相互交织成网，网眼内填充有基质成分，呈浅色均质状物质。

2. 疏松结缔组织切片（胃壁切片）

(1) 肉眼观察：组织呈长条状，上下两侧着色较深的区域之间夹有一浅染区域，即为观察部位。

(2) 低倍镜观察：移动标本，全面观察，其中着色较深，呈凸凹不平的一侧为胃壁的黏膜层，另一侧呈大片红色的是胃壁的肌层，两层之间找到染色较浅、呈浅粉红色、血管丰富的区域，为胃壁的黏膜下层，主要由疏松结缔组织构成。

(3) 高倍镜观察：可见排列松散、呈粉红色丝条状的纤维，但不能分辨纤维的类型，因其排列方向不一，故可见有横、斜、纵不同的断面。纤维之间可见许多散在分布的细胞，但不能分辨细胞的种类。根据组织结构特点判断，多数为纤维细胞。在纤维和细胞之间形似空白的区域为基质。此外，该区域可以观察到数量较多、切面大小不一的血管断面。

（二）不规则致密结缔组织及脂肪组织（指皮切片）

1. **肉眼观察** 着色最深的一侧区域为表皮，其下方染为粉红色区域为真皮，主要由不规则致密结缔组织构成。

2. **低倍镜观察** 根据染色深浅，由浅至深可观察到三层结构：最表面染色较深的一层为表皮，由角化复层扁平上皮组织构成；其下方染为粉红色区域的是真皮，由不规则致密结缔组织构成；真皮深面染色更浅的部分是皮下组织，该区域可见成群分布的"空泡状"脂肪细胞。周围的疏松结缔组织中有血管、神经的断面（彩图3-2）。

3. **高倍镜观察**

(1) 不规则致密结缔组织：可见大量交错排列、各种切面的粉红色条块状结构，即纤维的横、纵、斜切面；纤维之间有散在的紫蓝色细胞核，多为纤维细胞的细胞核，看不出细胞轮廓。在纤维和细胞之间形似空白的区域为基质。该切片中只能观察到纤维和细胞成分，不能分辨纤维和细胞类型。与疏松结缔组织切片相比，纤维数量较多，细胞和基质成分少，故染色相对较深（彩图3-3A）。

(2) 脂肪组织(adipose tissue)：可观察到大量密集排列的脂肪细胞群，脂肪细胞胞体大，呈圆形、椭圆形或多边形，胞质呈空泡状，为制片时被溶解的脂滴所在部位，残留的细胞质较少,呈浅粉红色,挤在细胞核周围呈新月形。胞核扁平形,着色较浅,被脂滴挤到细胞的一侧(彩图 3-3B)。

（三）规则致密结缔组织（腱）

1. 肉眼观察　组织呈长条形。

2. 低倍镜观察　腱的纵断面可见大量粗大、致密排列的胶原纤维束,染成红色,纤维束之间夹有少量长杆状细胞核,此为成纤维细胞的核(腱细胞核)。

3. 高倍镜观察　大量胶原纤维平行、规则纵形排列,被染成粉红色且均匀一致。腱细胞分布在胶原纤维束之间,该细胞轮廓不清楚,仅见着色较深、呈长杆状的细胞核(彩图 3-4A)。

（四）网状组织（淋巴结切片）

1. 肉眼观察　淋巴结呈椭圆形,该器官实质周边的皮质染色深,中央的髓质染色浅,髓质为主要观察部位。

2. 低倍镜观察　中央染色浅的髓质区,一些散在染色深、不规则的条索状结构为髓索,主要由淋巴组织构成,髓索之间染色较浅的不规则区域为髓质淋巴窦(简称髓窦),主要由网状组织(recticular tissue)构成,将其进一步在高倍镜下观察。

3. 高倍镜观察　网状组织主要由网状细胞和网状纤维构成,在镀银染色切片中,可以观察到以下结构(彩图 3-4B)。

（1）网状细胞：网状细胞(reticular cell)呈星状,多突起,突起之间相互连接形成网,细胞核大,呈圆形或卵圆形,位于细胞中央,染色浅。

（2）网状纤维：网状纤维(reticular fiber)又称嗜银纤维(argyzophilic fiber),较细,呈黑色,有分支,相互交织呈网状,分布于网状细胞和淋巴细胞之间,构成淋巴器官的微细支架,为淋巴细胞发育提供微环境。该纤维在 HE 染色中不能显示。

（3）淋巴细胞：胞体较小呈圆形,细胞核圆且着色深,细胞质甚少,在细胞核周边呈一窄缘。

三、示教

浆细胞（慢性宫颈炎切片）

高倍镜观察　浆细胞(plasma cell)的胞体呈圆形或卵圆形,细胞核圆形,多偏于细胞的一侧,核内染色质粗呈块状,沿核膜呈车轮状排列,胞质呈淡紫红色。

四、动手操作：制作疏松结缔组织铺片和肥大细胞染色

1. 操作步骤　昆明小白鼠,断头处死,用水打湿小鼠腹部皮肤,剪开皮肤,眼科镊和眼科剪剪下少许皮下组织,用探针将皮下组织均匀地铺在载玻片上,等组织完全干后,用 0.5% 甲苯胺蓝酒精溶液染色 10 min 以上,自来水背面冲洗干净,显微镜观察。

2. 显微镜观察　肥大细胞呈卵圆形,体积较大,核位于中央,呈浅蓝色,胞质内充满较均匀的蓝紫色颗粒。

五、要点复习

1. 结缔组织来源于胚胎时期的间充质,由大量细胞外基质和少量细胞构成。细胞外

基质包括基质、纤维及组织液。细胞无极性，散在分布于细胞外基质中。

(1) 广义的结缔组织：分为固有结缔组织、软骨组织、骨组织和血液。

(2) 狭义的结缔组织(即固有结缔组织)：分为疏松结缔组织、致密结缔组织、脂肪组织和网状组织。

2. 疏松结缔组织

(1) 特点：细胞种类多，纤维数量少，排列疏松，呈蜂窝状，含丰富的血管、淋巴管及神经。

(2) 功能：连接、支持、营养、保护、防御和修复等。

(3) 疏松结缔组织细胞成分包括以下几种。

1) 成纤维细胞：光镜结构显示细胞呈扁平、星状或梭形；胞质丰富，呈弱嗜碱性，胞核卵圆形，着色浅，核仁明显。电镜结构显示细胞质内含有丰富的粗面内质网、游离核糖体和发达的高尔基体。成纤维细胞的功能为合成分泌纤维和基质。

2) 巨噬细胞：光镜结构显示细胞形态多样，多为圆形、椭圆形或不规则形；功能活跃时可伸出伪足。细胞核较小，呈圆形或椭圆形，染色较深；细胞质较丰富，多为嗜酸性，内含许多吞噬颗粒。电镜结构显示细胞表面具有许多皱褶、小泡和微绒毛；细胞质内含大量溶酶体、吞噬体、吞饮小泡和残余体。巨噬细胞的功能为吞噬作用；抗原提呈作用；分泌多种生物活性物质。

3) 浆细胞：光镜结构显示细胞呈圆形或椭圆形；细胞核圆形，常偏于一侧，核内染色质多聚集在核周呈辐射状排列，形似车轮状；细胞质呈强嗜碱性。电镜结构显示胞质内有大量粗面内质网、游离核糖体和发达的高尔基体。浆细胞功能为合成和分泌抗体即免疫球蛋白。

4) 肥大细胞：光镜结构显示细胞较大，呈圆形或椭圆形；细胞核圆形，较小；细胞质内充满粗大的嗜碱性颗粒，易溶于水，并具有异染性。电镜结构显示颗粒大小不等，呈圆形或卵圆形，外包裹有单位膜；在深染的基质内含螺旋状或网格状晶体，或含细粒状物质。肥大细胞功能为主要参与机体的过敏反应。

5) 脂肪细胞：合成和贮存脂肪，参与机体脂类代谢。

6) 未分化的间充质细胞：是结缔组织内的干细胞。

7) 白细胞：可穿出血管壁，游走到疏松结缔组织内，行使防御功能。

(4) 疏松结缔组织纤维成分包括胶原纤维、弹性纤维、网状纤维。

1) 胶原纤维：又称白纤维，数量最多，HE染色呈嗜酸性，粗细不等，呈波浪形，有分支。电镜下由胶原原纤维聚合构成，呈明暗交替的周期性横纹。胶原纤维韧性大，抗拉力强。

2) 弹性纤维：又称黄纤维，纤维较细，表面光滑，断端常有卷曲。HE染色浅，醛复红染色呈紫色。电镜下由弹性蛋白和微原纤维组成。特点是弹性大。

3) 网状纤维：镀银染色呈黑色，纤维细，分支多并交织成网。又称嗜银纤维。HE染色片中不着色。主要存在于网状组织等。

(5) 基质：

1) 基质是由生物大分子构成的无定形胶状物，具有一定的黏性。生物大分子主要为蛋白多糖和纤维粘连蛋白。

2) 组织液为基质中毛细血管动脉端渗出的液体,组织液不断更新,有利于血液与组织中的细胞进行物质交换,成为细胞赖以生存的微环境。

3. **致密结缔组织** 致密结缔组织以纤维为主要成分,纤维粗大,排列致密,主要具有支持和连接等作用。可分为规则致密结缔组织、不规则致密结缔组织和弹性组织。

4. **脂肪组织** 脂肪组织由大量的脂肪细胞构成,可分为黄色脂肪组织和棕色脂肪组织。

5. **网状组织** 网状组织由网状细胞、网状纤维构成,是造血器官、淋巴组织和淋巴器官的基本组成成分,为血细胞发生及淋巴细胞生长发育提供适宜的微环境。

六、思考题

(1) 试述疏松结缔组织的特性。
(2) 试述成纤维细胞和纤维细胞的形态结构特点、功能,以及相互之间的关系。
(3) 疏松结缔组织中哪些成分参与机体的防御、免疫功能,分别叙述其结构特点。
(4) 试述基质的化学组成、结构特点及功能。
(5) 掌握下列名词概念:成纤维细胞、巨噬细胞、浆细胞、肥大细胞、分子筛、组织液。

(李　坪)

实训三微课视频

疏松结缔组织铺片

实训四

血 液

学习要点

掌握： ① 正常血液中各种有形成分的分类。② 能辨认红细胞、中性粒细胞、嗜酸性粒细胞、嗜碱性粒细胞、单核细胞、淋巴细胞、血小板的形态结构。

了解： ① 血涂片的制作过程和瑞氏染色。② 骨髓涂片中各种血细胞中晚期发生过程的细胞形态。③ 网织红细胞的形态结构。④ 骨髓涂片中各种血细胞早期发生过程的细胞形态。

一、实训内容

（1）学习油镜的使用。
（2）综合实验：血涂片的制作。
（3）血液涂片观察：见表4-1。

表4-1 血液涂片观察

	器官来源	染色方法
重点内容		
人血涂片	人血液	瑞氏染色
人骨髓涂片	人骨髓	瑞氏染色
参考内容		
网织红细胞	人血液	煌焦油蓝染色

（4）示教内容：煌焦油蓝染色示网织红细胞。

二、组织切片观察方法

（一）人血涂片的制作

酒精消毒指尖后，用一次性采血针取左手无名指血一滴，置于干净载玻片左1/3处，用另一张玻片呈45°角均匀向右推片。自然风吹干血膜，用蜡笔划出血膜的边缘，滴加瑞氏染液数滴至完全覆盖血膜，静置、固定2 min后滴加同样数量的蒸馏水，染色约10 min

后,用自来水背面轻轻冲洗去除残余的染液,吹干后即可进行观察。

血涂片(blood smear)推片:将推片轻轻靠近血滴,待其自然浸润成一条线后,向接触血滴的相反方向匀速推开(图4-1)。

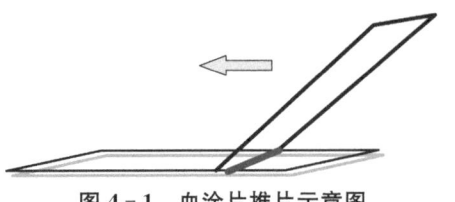

图4-1 血涂片推片示意图

(二)血涂片的观察(人血涂片)

1. 肉眼观察 血涂片呈舌状,舌体和舌尖部图片较为薄而均匀,适合本实习中观察。

2. 低倍镜观察 先观察一下血涂片的全貌,可见涂片中大多数为圆形的,边缘染色深,中央染色浅的无核红细胞,在红细胞间散布着少量有核的细胞即为白细胞,选择涂膜均匀,血细胞清晰的部位转高倍至油镜下观察。

3. 油镜观察 一边移动标本,一边辨认红细胞、各种白细胞及血小板,并掌握各种细胞的形态结构特征(彩图4-1)。

(1) 红细胞:视野内看到的绝大部分都是红细胞(erythrocytes, red blood cells, RBCs),圆形,无核,直径6~8 μm。着淡红色或橘黄色,边缘染色较深,中央染色较浅(彩图4-2)。

(2) 白细胞:白细胞(leukacytes, white blood cells, WBCs)数量较少,分散在红细胞之间,有核。

1) 中性粒细胞:中性粒细胞(neutrophils)在白细胞中数目最多,故易在标本中找到,圆形,直径10~12 μm。核染色质呈团块状,染紫蓝色,较深,细胞核可见两种形态,一种呈腊肠状,称杆状核;另一种呈分叶状,常分3~5叶,叶间有细丝相连,称分叶核。胞质染淡红色,其中含有许多细小均匀分布的嗜中性颗粒(彩图4-3)。

2) 淋巴细胞:淋巴细胞(lymphocytes)的数目占白细胞的第二位,故亦好找。圆形,大小不等。小淋巴细胞比红细胞稍大,有一个圆形的核,一侧常有小凹陷,染色质致密呈块状,着色深蓝色;胞质很少,在核周呈一窄缘,嗜碱性,染成蔚蓝色,含少量嗜天青颗粒。中淋巴细胞和大淋巴细胞胞体较大,核椭圆形,染色质较疏松,着色较浅,胞质较丰富,其内也可见少量嗜天青颗粒(彩图4-4)。

3) 单核细胞:单核细胞(monocytes)为白细胞中体积最大的细胞,呈圆形或椭圆形,直径14~20 μm。细胞核形态多样:卵圆形、肾形、马蹄形或不规则形等。染色质颗粒细而松散,故核着色较浅。胞质较丰富,弱嗜碱性,染成灰蓝色,并含有许多细小的嗜天青颗粒(彩图4-5)。

4) 嗜酸性粒细胞:嗜酸性粒细胞(eosinophils)的数目较少,圆形,直径10~15 μm。核常为两叶,胞质内充满粗大的嗜酸性颗粒,大小均匀,分布均匀,染成鲜红色(彩图4-6)。

5) 嗜碱性粒细胞:嗜碱性粒细胞(basophils)的数目最少,圆形,直径10~12 μm。核为不规则形,着色较浅,胞质浅粉红色,其中含有大小不等分布不均的着暗紫色的嗜碱性颗粒,因这些颗粒常覆盖在核的表面上,所以核的轮廓是看不清楚的(彩图4-7)。这种细胞比较难找,若找不到,可看示教。

(3) 血小板:血小板(platelets)散布在血细胞之间,常聚集成群,是形状不规则的细胞质小体,内含细小的紫色颗粒,周边呈均匀淡蓝色(彩图4-8)。

(三)人骨髓涂片(human bone marrow smear)

1. **低倍镜观察** 注意有核细胞的数量、比例,并与血涂片作比较。选择合适的部位转油镜观察。

2. **油镜观察** 主要识别红细胞系与粒细胞系的中、晚幼阶段的形态特征。

(1) 中幼粒细胞(髓细胞):中幼粒细胞(myelocytes)数量较多;核较小,为椭圆形,一边略平坦或凹陷,偏位于细胞一侧,染色质呈块状,核仁消失;胞质丰富,内含很多特殊颗粒。此期虽根据颗粒的形态可以分出中性、嗜酸性、嗜碱性三种类型的中幼粒细胞,但不要求一一辨认。

(2) 晚幼粒细胞(后髓细胞):数量也较多;核小,多呈肾形或杆状,染色致密,着色深;胞质丰富,充满特殊颗粒,易于辨认中性、嗜酸性、嗜碱性三种不同的粒细胞。

(3) 中幼红细胞(嗜多色红细胞):核较小,染色质浓缩成块状;胞质丰富,因其中有血红蛋白出现,故胞质染色呈浅紫灰蓝色。

(4) 晚幼红细胞(正成红细胞):细胞体积较正常成熟红细胞略大;核小而圆,染色质致密,染深紫色;进一步成熟核即消失。胞质为嗜酸性,与正常红细胞几乎无差异。

(5) 巨核细胞:细胞很大,是相邻其他类型细胞的数倍;核呈分叶状,染色质呈粗块状;胞质丰富,染浅蓝色或粉红色,其中含有很多嗜天青颗粒。

除以上几种常见的细胞外,在老师的指导下辨认以下几种原始及早幼阶段的红细胞和粒细胞。

(6) 原始粒细胞:细胞为球形,体积大;核很大,染色质呈细粒状,染紫红色或浅紫色,核仁清晰,一般2~3个;胞质量较少,为弱嗜碱性,不含颗粒。

(7) 早幼粒细胞(前髓细胞):体积较大;核圆形或卵圆形,偏居一侧,染色质颗粒较细,均匀分布,着浅紫色,核仁2~3个;胞质少,为嗜碱性,染蓝色,无颗粒。

(8) 早幼红细胞(嗜碱性成红细胞):核为圆形,染色质粗密,着色深,核仁看不清楚;胞质量较多,为强嗜碱性,染深蓝色。

三、示教

网织红细胞,煌焦油蓝染色。

1. **材料与方法** 取小鼠鲜血一滴,滴在预先做好的煌焦油蓝染液膜(干净载片上滴上煌焦油蓝,待染料干后即可用)上,与染料混合后推成血膜。

2. **高倍镜观察** 红细胞呈淡绿色,网织红细胞内有深蓝色的细网或颗粒。

四、要点复习

1. 红细胞的形态结构、正常值,贫血的概念

(1) 红细胞为双面凹的圆盘状,直径 6~8 μm,寿命 120 d,其正常值如下。

男:$(4.0\sim5.5)\times10^{12}/L$(400万~550万个/$mm^3$);女:$(3.5\sim5.0)\times10^{12}/L$(350万~500万个/$mm^3$)。

(2) 血红蛋白的正常值为 120~150 g/L(男);110~140 g/L(女)。当红细胞数<$3.0\times10^{12}/L$或血红蛋白<100 g/L时,称为贫血。

2. 白细胞的形态结构、正常值、分类　血液中有核的细胞,为白细胞,正常值为$(4.0 \sim 10.0) \times 10^9 / L$或$4\,000 \sim 10\,000 / mm^3$。白细胞的分类及所占白细胞比例如下：

有粒 { 中性粒细胞(50%～70%)
　　　嗜酸性粒细胞(0.5%～3%)
　　　嗜碱性粒细胞(0～1%)

无粒 { 淋巴细胞(25%～30%)
　　　单核细胞(3%～8%)

3. 血小板的结构、正常值及功能　血小板为双面凸的圆盘状,直径$2 \sim 4\ \mu m$,参与止血、凝血、血管修复等功能,正常值为$(100 \sim 300) \times 10^9 / L$。

五、思考题

(1) 试比较三种粒细胞的形态结构和功能。
(2) 试述红细胞的形态结构及功能。
(3) 掌握下列名词概念：网织红细胞、溶血、血浆、血清、血象、造血干细胞、造血祖细胞、造血诱导微环境、核左移。

(苏炳银)

实训四微课视频

血液

实训五

软骨和骨

学习要点

掌握：① 透明软骨和骨的结构特点。② 密质骨、骨膜的结构特点。
了解：骨发生的方式与结构特点。

一、实训内容

(1) 软骨与骨的切片观察：见表 5-1。

表 5-1 软骨与骨的切片观察

	器官来源	染色方法
重点内容		
透明软骨(hyaline cartilage)	气管	HE 染色
骨磨片	骨	硝酸银染色
骨切片	去钙骨	HE 染色
参考内容		
骨发生	胎儿指骨	HE 染色

(2) 示教内容。

二、组织切片观察

(一) 透明软骨(气管切片)

1. **材料与方法** 气管，Helly 液固定，横断石蜡切片，HE 染色。
2. **低倍镜观察** 气管的横切面为圆环状或片状，切片中着紫蓝色的部分即透明软骨(彩图 5-1)。
3. **高倍镜观察**

(1) 软骨膜：软骨表面有致密结缔组织形成的膜，即软骨膜(perichondrium)，可分为内、外两层：外层细胞小，纤维多，排列致密；内层纤维少，排列疏松，含骨原细胞(彩图 5-2)。

(2) 软骨组织：软骨组织包括软骨基质(cartilage matrix)和软骨细胞。软骨基质：软骨基质含有硫酸软骨素,嗜碱性。不同部位基质的硫酸软骨素含量不同,硫酸软骨素含量越多,嗜碱性越强。围绕软骨细胞周围的薄层基质称为细胞周基质,或软骨囊(cartilage capsule)。软骨基质内有大小不等的小腔,称为软骨陷窝(cartilage lacuna),内有软骨细胞。在软骨边缘,软骨细胞较小,呈梭形,单独存在,这些软骨细胞由骨原细胞分化而来。在软骨深部,软骨细胞体积增大,呈圆形或椭圆形,成组排列,每组有数个细胞,这些软骨细胞由一个细胞分裂而来,称为同源细胞群(isogenous group)(彩图 5-2)。

(二)骨磨片

1. 材料与方法　取长骨的骨干部位,锯成横断薄片,磨至透亮,硝酸银染色。

2. 低倍镜观察

(1) 环骨板:环骨板(circumferential lamella)分外环骨板和内环骨板,分别位于骨干的外、内表面。外环骨板较厚,为数层到十多层骨板;内环骨板较薄,仅有几层骨板。可见横向贯穿外、内环骨板的小管,称为穿通管(perforating canal),是血管、神经走行的通道。

(2) 骨单位:外、内环骨板之间,可见唱片样的同心圆结构,即骨单位(osteon),又称哈弗斯系统(haversian system)。骨单位外表面的环形轮廓线,在硝酸银染色的骨磨片上染色浅,称为黏合线。中轴为纵行的中央管,又称哈弗斯管,被黑色染料充填。围绕中央管为同心圆排列的骨单位骨板,又称哈弗斯骨板(彩图 5-3)。

(3) 间骨板(interstitial lamella):骨单位之间的不规则骨板,是陈旧的骨单位骨板或环骨板被吸收后的残余部分。

3. 高倍镜观察

(1) 骨陷窝:骨陷窝(bone lacuna)分散于骨板间和骨板内的小腔,呈梭形,为骨细胞胞体所在的空间,在硝酸银染色的骨磨片上,内有黑色染料充填(彩图 5-4)。

(2) 骨小管:骨小管(bone canaliculus)在骨陷窝周围呈放射状的许多细小管道,为骨细胞突起所在的空间,其中也充填着黑色染料(彩图 5-4)。

三、示教

(一)骨切片

1. 材料与方法　取长骨的骨干部位切片,Susa 液固定,5%～10%硝酸浸泡,去掉骨盐,火棉胶切片,HE 染色。

2. 低倍镜观察　骨组织的外面为有纤维性结缔组织构成的骨外膜,基质与纤维均染成红色。

3. 高倍镜观察　与骨磨片对比观察骨单位。骨单位骨板及其胶原纤维呈环行排列。中央管内可见血管和少量结缔组织。骨陷窝内有骨细胞,呈椭圆形,细胞边界不清,细胞突起不易辨认。

(二)骨发生

1. 材料与方法　初生胎儿指骨,Susa 液固定,稀硝酸或盐酸溶液脱钙,火棉胶切片,HE 染色。

2. 低倍镜观察

(1) 软骨内成骨:软骨内成骨(endochondral ossification)指骨两端为膨大的骨骺端,

着色浅,呈淡蓝色的部分为软骨。指骨中间着色较深,呈红色的部分为已形成的骨组织及骨髓。二者交界处即成骨过程进行的部位。

1) 软骨储备区:软骨储备区(zone of reserve cartilage)在骨骺端接近关节面的部分,为透明软骨,软骨细胞小,均匀分散在基质中。软骨基质呈弱嗜碱性。

2) 软骨增生区:软骨增生区(zone of proliferating cartilage)范围由增生情况而定。增生的软骨细胞体积增大,呈扁平形,与指骨长轴平行排列,呈长串状的同源细胞群。

3) 软骨成熟区:软骨成熟区(zone of maturing cartilage)的软骨细胞体积愈来愈大,仍排列成行。软骨细胞之间的基质变薄。

4) 软骨钙化区(zone of calcifying cartilage):软骨细胞胞质可呈空泡状,细胞退化,软骨陷窝呈空洞状。此处软骨基质逐渐减少,逐渐钙化,呈强嗜碱性。

5) 成骨区(zone of ossification):红蓝交界处,边缘不整齐,呈犬牙交错状,为骨开始形成的区域。在低倍镜下,骨细胞为蓝紫色小点状。在骨小梁的表面常有一层整齐排列的成骨细胞。

(2) 膜内成骨:膜内成骨(intramembranous ossification)指骨中间部分,骨膜下与骨干表面之间有一层排列整齐的紫蓝色细胞,即成骨细胞,其稍深面着红色的骨组织,即骨领,其中的细胞为骨细胞。

3. 高倍镜观察

(1) 成骨细胞:成骨细胞(osteoblast)位于成骨区新生骨组织的表面和骨领表面,成排排列,整齐,细胞为立方形、矮柱状或不规则状,细胞核大而圆,位于细胞一端;胞质强嗜碱性,呈紫蓝色。

(2) 骨细胞:骨细胞(osteocyte)散在分布于新生骨组织的骨陷窝内,细胞形状不规则,细胞边界不清,表面有突起,但不易分辨,细胞核多固缩,呈深蓝色,细胞质嗜酸性。

(3) 破骨细胞:破骨细胞(osteoclast)位于原始骨髓腔内靠近残存软骨或新生骨组织边缘的凹陷处,为多核细胞,胞体大,胞质嗜酸性。

四、要点复习

1. 软骨的分类和结构特征　软骨可分为透明软骨、弹性软骨和纤维软骨。

(1) 透明软骨:纤维主要是交织排列的胶原原纤维,为Ⅱ型胶原蛋白。由于纤维很细,且折光率与基质相近,故在 HE 染色切片上难以分辨。基质中含大量水分,是软骨呈半透明的原因之一。该软骨分布在肋软骨、关节软骨和呼吸道软骨等。

(2) 纤维软骨:结构特点是有大量平行或交叉排列的胶原纤维束,因此韧性大,分布于椎间盘、关节盘与耻骨联合等处。

(3) 弹性软骨:结构特点是有大量交织分布的弹性纤维;主要分布在耳郭、咽喉和会厌等处。

2. 骨组织的组成成分　骨组织由多种细胞和细胞外基质构成。细胞外的基质有矿物质的沉积,称为矿化。因矿物质主要是钙,又称钙化。细胞包括骨祖细胞、成骨细胞、骨细胞及破骨细胞。

3. 长骨的结构,骨单位的概念　长骨由骨干和骨骺组成。骨干主要由密质骨组成,内侧有少量松质骨形成的骨小梁。密质骨在骨干的内外表面形成环骨板。在中层形成哈弗斯系统和间骨板。

(1) 环骨板：是环绕骨干内、外表面排列的骨板，分别称内环骨板和外环骨板。

(2) 哈弗斯系统：又称骨单位，是长骨起支持作用的主要结构，位于内、外环骨板间，数量多，长筒状，由中央管与4~20层同心圆排列的哈弗斯骨板构成，中央管内含血管、神经和骨内膜。

(3) 间骨板：是骨单位间或骨单位与环骨板之间一些形状不规则的骨板，是骨生长和改建中哈弗斯骨板或环骨板未被吸收的残留部分。

五、思考题

(1) 试述透明软骨、弹性软骨和纤维软骨的分布和结构的异同。
(2) 试述成骨细胞、破骨细胞的来源、结构和功能。
(3) 当机体长期缺钙时，骨组织的结构会出现哪些变化？
(4) 掌握下列的英文名词：haversian system、osteon、isogenous group。

(牛建钦)

实训五微课视频

骨发生

透明软骨

实训六

肌组织

学习要点

掌握：① 三种肌组织的形态结构特点及异同点。② 横纹肌横纹和心肌闰盘的观察方法。

了解：骨骼肌器官的构成，区分肌内膜、肌束膜、肌外膜。

一、实训内容

(1) 肌组织切片观察：见表6-1。

表6-1 肌组织切片观察

	器官来源	染色方法
重点内容		
骨骼肌	舌	HE染色
心肌	心壁	HE染色
平滑肌	小肠	HE染色
心肌闰盘	心壁	铁苏木精染色
参考内容		
平滑肌	膀胱	HE染色

(2) 示教内容。

二、组织切片观察

(一) 骨骼肌(舌切片)

1. **肉眼观察** 可见两块组织，染红色。长方形的是骨骼肌(skeletal muscle)纵断面，椭圆形的是骨骼肌横断面。

2. **低倍镜观察** 可见覆盖在组织表面的染蓝紫色的组织为复层扁平上皮；其下为染色较浅的结缔组织，内有腺体，染色淡，腺细胞排列成团块状；组织深部为骨骼肌，染成深红色，肌纤维(muscle fiber)粗大，有的横切，有的纵切，有的斜切。重点观察骨骼肌的结构。

骨骼肌纵切面上,可见骨骼肌纤维着红色,为长柱状,细胞核数目多,卵圆形,着蓝紫色,位于肌纤维周边,紧贴肌膜下(有时在纤维中央亦可看到细胞核,为什么?),细胞中充满肌原纤维(myofibril)。仔细观察肌膜(sarcolemma)、细胞核、肌浆(sacroplasm)、肌原纤维、横纹(cross striation)等构造。观察横纹时,需将视野亮度调暗。

视野中除肌纤维外,还有结缔组织分布。包裹在整个肌肉外面的致密结缔组织,为肌外膜(epimysium);肌外膜的组织伸入肌组织内,形成隔,包裹着每一束肌纤维,叫肌束膜(perimysium)。肌束的形状不规则,而且大小不等。肌束膜再分支入内,包裹着每条肌纤维周围,叫肌内膜(endomysium)。肌外膜、肌束膜和肌内膜中有血管通过。

3. 高倍镜观察　骨骼肌细胞的纵切面呈长圆柱状,可见明暗相间的周期性横纹,染红色,沿肌纤维的长轴分布。骨骼肌纤维的横断面呈多边形,肌膜下有数个着蓝紫色圆形的胞核。肌纤维内含有许多着粉红色、被切成点状的肌原纤维。肌原纤维之间是肌浆,呈浅粉色(彩图6-1)。

(二) 心肌(心壁切片)

1. 肉眼观察　心肌(cardiac muscle)标本染成红色。

2. 低倍镜观察　心壁主要由心肌所组成。心肌细胞染成红色,相邻心肌细胞之间有疏松结缔组织和丰富的毛细血管。因心肌细胞排列方向不同,切片上可见心肌细胞的不同切面。

纵切的心肌细胞呈红色带状,核单个,椭圆形,染为紫蓝色,着色浅淡,位于细胞中央。横切面上心肌细胞呈大小不等的红色块状、核圆、位于细胞中央,核周围肌浆丰富。肌纤维之间有结缔组织及血管分布,注意区别心肌细胞核与结缔组织细胞核,结缔组织细胞核小,着色深,位于心肌细胞之外。

3. 高倍镜观察　纵切面上的心肌细胞呈红色带状,并可见细胞有分支相互吻合,相邻心肌细胞连接处,有与心肌细胞长轴相垂直的紫红色线状或阶梯状结构,即心肌闰盘(intercalated disk),为心肌细胞间的细胞连接,是心肌纤维特有的结构。心肌细胞上可见明暗相同的周期性横纹,但不如骨骼肌细胞明显。横切的心肌细胞胞质可见红色细小颗粒,有时呈放射状排列于肌浆内,为肌原纤维的横断面,胞核居中(彩图6-2)。

(三) 心肌闰盘(心脏切片)

1. 肉眼观察　为一块紫蓝色的组织。

2. 低倍镜观察　心肌细胞的纵切面上,心肌纤维分支相连成网,网眼之间分布有结缔组织和血管。相邻心肌纤维的连接处,可见呈深蓝色细条状结构,该结构与心肌纤维的长轴垂直,即心肌闰盘。

3. 高倍镜观察　心肌闰盘着色较深,比心肌纤维横纹明显。闰盘多呈阶梯状,有的呈直板状(彩图6-3)。

(四) 平滑肌

1. 小肠切片

(1) 肉眼观察:切片凸面侧染红色的区域即为小肠肌层。

(2) 低倍镜观察：可见小肠平滑肌分为两层（内环、外纵）。内层纵切的平滑肌细胞呈长梭形，细胞核呈椭圆形或杆状，细胞镶嵌排列；外层为平滑肌的横切，平滑肌细胞被切成大小不等的红色块状断面。两层之间可见少量的结缔组织。

(3) 高倍镜观察：纵切面的平滑肌细胞呈梭形，常成束或成层排列，彼此借少量结缔组织相连。胞核单个，呈长椭圆形或杆状，位于细胞中央，染为浅蓝色；胞质染红色，丰富，平滑肌细胞无周期性横纹。横切的平滑肌细胞呈现大小不等的圆形或不规则形，大的断面可见胞核，较小肌纤维断面上看不到细胞核（彩图6-4）（为什么？）。

2. 膀胱切片

(1) 肉眼观察：标本外周染红色的一层为膀胱的肌层，为观察的重点。

(2) 低倍观察：从内向外可见变移上皮、结缔组织，较厚一层为不同切面的平滑肌纤维束。呈块状的是平滑肌横切，呈条状的是平滑肌纵切。

(3) 高倍观察：纵切的平滑肌细胞外形为梭形，细胞核单个，呈棒状或椭圆形，染色较淡，位于细胞中央，细胞质嗜酸性，染红色。各平滑肌细胞紧密相邻，互相嵌合平行排列成束。横切平滑肌细胞外形大小不等，呈相似的圆形或不规则多边形，染红色，平滑肌纤维大切面上可见圆形染蓝色的细胞核，小的无核。观察不到平滑肌纤维肌膜及肌原纤维（彩图6-5）。

三、示教

1. 骨骼肌纤维电镜照片　观察肌节（sarcomere）、Z线（Z line）、明带（light band）、暗带（dark band）、M线（M line）、H带（H band）、终池（terminal cisternae）、横小管（transverse tubule）、纵小管（longitudinal tubule）、二联体（triad）、肌浆网（sarcoplasmic reticulum）（图6-1、图6-2）。

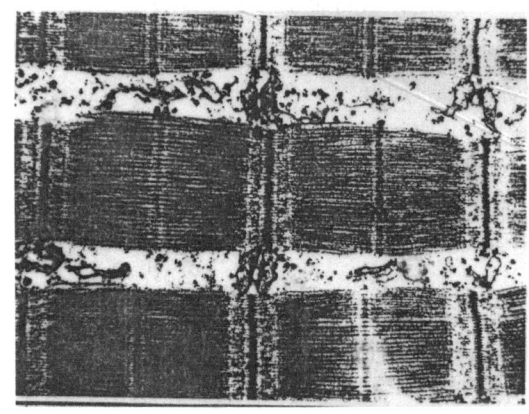
图6-1　骨骼肌纤维、三联体电镜照片

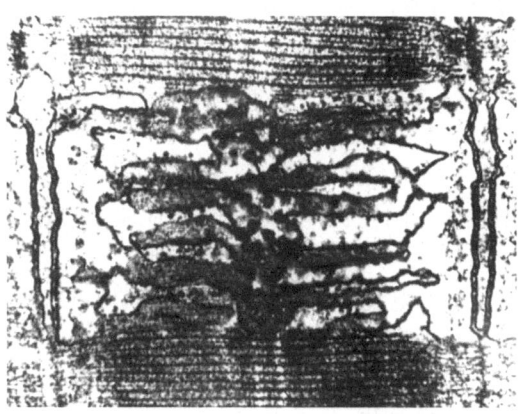
图6-2　横小管、纵小管和三联体电镜照片

2. 肌节电镜照片　观察Z线、明带、暗带、M线、H带、粗肌丝（thick filament）、细肌丝（thin filament）（图6-3）。

3. 心肌纤维电镜照片　观察Z线、明带、暗带、终池、纵小管（longitudinal tubule）、横小管、二联体（diad）、线粒体、闰盘（图6-4）。

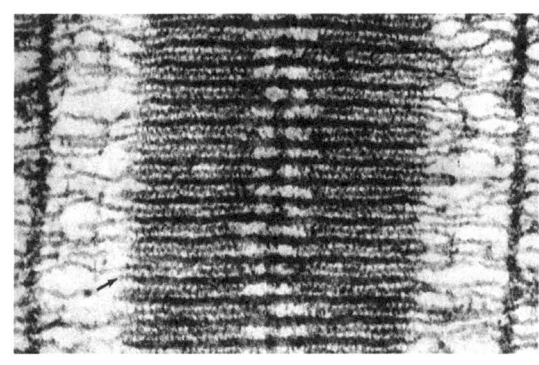
图 6-3 肌节电镜照片

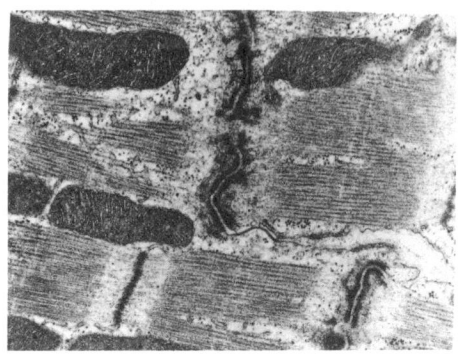
图 6-4 心肌纤维电镜照片

四、要点复习

1. 肌组织的一般结构特征、分类和功能　肌组织主要由肌细胞构成。肌组织的功能为收缩。根据肌细胞的分布,肌组织分为骨骼肌、心肌和平滑肌;根据结构特征,骨骼肌和心肌为横纹肌,平滑肌为非横纹肌;根据所受神经的支配特点,骨骼肌为随意肌,心肌和平滑肌为非随意肌。

2. 肌节的组成与功能　相邻两条 Z 线间的一段肌原纤维称为肌节,由 1/2 明带＋暗带＋1/2 明带构成。是肌纤维收缩的结构与功能单位。

3. 肌组织的特有名词　肌纤维、肌膜、肌质、肌浆网等。

  肌细胞呈细长纤维性,也称肌纤维;肌细胞的细胞膜叫肌膜;肌细胞的细胞质又称肌质;肌细胞中特化的滑面内质网也称肌浆网。

4. 肌内膜、肌束膜和肌外膜的区别　包裹在整块肌外面的致密结缔组织称为肌外膜;肌外膜的结缔组织伸入肌肉内,将肌肉分隔为大小不等的肌束,肌束周围的结缔组织即为肌束膜;分布在每条肌纤维周围的结缔组织即为肌内膜。

5. 骨骼肌和心肌的光镜结构和电镜结构特点　肌原纤维、明带、暗带、肌节、肌丝、横小管、肌浆网、终池、三联体等。心肌纤维的光电镜结构:闰盘。

  (1) 光镜下:骨骼肌细胞和心肌细胞都呈现明暗相间的横纹,故都为横纹肌。骨骼肌细胞为长圆柱状,多核,核位于肌膜下方;心肌细胞为不规则的短圆柱状,有分支,有 1~2 个核,核居中,细胞连接处形成闰盘。

  (2) 电镜下:骨骼肌细胞的肌原纤维较规则,而心肌细胞的肌原纤维的粗细不等、界限不很分明,但均由肌节排列构成。

  骨骼肌细胞的横小管位于明、暗带交界处,因此,一个肌节接受两条横小管;心肌细胞的横小管较粗,位于 Z 线水平,因此,平均一个肌节接受一条横小管。

  骨骼肌细胞的肌浆网发达,末端的终池和横小管连接成为三联体;心肌细胞的肌浆网稀疏,终池少而小,与横小管仅形成二联体。

  相对于骨骼肌,心肌细胞含有极为丰富的线粒体。

  心肌细胞间有特化的细胞连接,即闰盘;闰盘的横位部分位于 Z 线水平,由中间连接和桥粒构成,使心肌细胞间连接牢固;而纵位部分存在缝隙连接,便于细胞间的化学信息的交流和电冲动的传导，分别使心房肌和心室肌的收缩和舒张同步化。

五、思考题

（1）比较三种肌组织的光镜下形态结构的异同点及其与功能的关系。
（2）试述骨骼肌纤维的光镜和电镜结构特点。
（3）绘制肌节的电镜结构模式图，并标注每一个结构。
（4）试述骨骼肌纤维的收缩原理。
（5）掌握下列名词概念：肌浆网、三联体、肌原纤维、肌卫星细胞、闰盘。

（杨桂枝）

实训六微课视频

骨骼肌组织

心肌组织

实训七

神经组织

学习要点

掌握：① 多极神经元的形态结构。② 有髓神经纤维的光镜结构。
了解：① 脊髓的形态结构。② 触觉小体、环层小体的形态结构。

一、实训内容

(1) 神经组织切片观察：见表7-1。

表7-1 神经组织切片观察

	器官来源	染色方法
重点内容		
多级神经元	脊髓	HE染色
神经纤维	坐骨神经	HE染色
运动终板	骨骼肌	氯化金浸染
触觉小体	指皮	HE染色
环层小体	指皮	HE染色
参考内容		
神经胶质细胞	脊髓	HE染色

(2) 示教内容。

二、组织切片观察方法

(一) 多极神经元（脊髓切片）

1. **肉眼观察** 脊髓横切面中央有一小管，即脊髓中央管。中央深红色蝴蝶形部分为灰质，灰质的粗端为前角，细端为后角。灰质周围淡染部分为白质。

2. **低倍镜观察** 在灰质中，可见一些较大的细胞，即多极神经元（multipolar neuron），有时可呈不甚规则的多边形，一般见不到细胞的突起。神经元之间有些小细胞为神经胶质细胞。

3. **高倍镜观察** 在前角寻找一典型的多极神经元，转高倍镜观察。可见胞体形状不规则呈多角形、三角形或梭形等。胞核大、圆、亮，核仁清楚。胞体和树突中可见到许多紫蓝色的不规则的小斑块，即尼氏体(nissl body)，轴突(axon)与轴丘(axon hillock)内无尼氏体(彩图7-1)。突起从胞体发出，多数神经元的突起只见到根部。因每个神经元只有一条轴突，故切片上不易见到它们的切面。多极神经元的周围还可见一些小的细胞核，为神经胶质细胞(neuroglia cell)的细胞核。在神经胶质细胞之间有粉红色交织成网的纤维，为神经纤维(nerve fiber)。

（二）神经纤维（坐骨神经切片）

1. **肉眼观察** 切片染红色、长条状为坐骨神经的纵切面，圆形者为横切面。

2. **低倍镜观察** 坐骨神经的纵切面上神经纤维呈条索状，数量多，平行排列。横切面上，神经外面包有的结缔组织称为神经外膜(epineurium)，神经内的神经纤维被结缔组织分割成大小不等的神经束，包裹每束神经纤维的结缔组织构成神经束膜(perineurium)，每一个神经束内又由大量的神经纤维组成，每条神经纤维有少量的疏松结缔组织包裹，构成神经内膜(endoneurium)。

3. **高倍镜观察** 有髓神经纤维的横断面为圆形，中间染深紫红色的小圆点为轴突的横断面，其周围空白处为髓鞘(myelin sheath)。在典型的有髓神经纤维的纵断面上，中间为一条染深紫红色的条状结构，即轴突；其周围色淡呈空泡状（因类脂被溶解，仅见残留的网状蛋白质），为髓鞘所在区域；髓鞘外为一层很薄的施万细胞的外侧胞质，其内可见沿神经纤维长轴排列的施万细胞的细胞核。有髓神经纤维呈节段性，段与段之间的狭窄处无髓鞘，轴突裸露，称郎飞结(ranvier node,彩图7-2)。相邻两个郎飞结之间的一段神经纤维称结间体。

（三）运动终板（骨骼肌撕片）

1. **肉眼观察** 撕片着色不匀，将黑色明显处置于视野中央。

2. **低倍镜观察** 低倍观察染黑色的神经纤维，可见其末端呈爪状分支，并与染深红色的骨骼肌细胞紧密相贴，结合处即为运动终板(motor end plate)。

3. **高倍镜观察** 单根神经纤维末端在骨骼肌纤维表面的分支膨大，呈爪状（花斑状）结构即为运动终板(彩图7-3)。

（四）触觉小体和环层小体（指皮切片）

1. **肉眼观察** 标本一半色深者为表皮，一半色浅者为真皮。

2. **低倍镜观察**

(1) 触觉小体：触觉小体(tactile corpuscle)在表皮和真皮的移行部（真皮乳头）处寻找。上皮基底部凹凸不平，深面的结缔组织突入上皮形成真皮乳头。真皮乳头内，可见深染的椭圆形小体即为触觉小体(彩图7-4A)。

(2) 环层小体：环层小体(lamellar corpuscle)位于真皮结缔组织深面，体积较大、圆形或卵圆形，由多层同心圆排列的扁平细胞构成(彩图7-4B)。

3. **高倍镜观察**

(1) 触觉小体：呈染深红色长椭圆形，周围有结缔组织形成的被囊，内有许多横列的扁平细胞，其长轴与表皮表面垂直，可感受触觉。有髓神经纤维在被囊处失去髓鞘穿入被囊内，分支盘绕。

（2）环层小体：小体中央有一条均质状的圆柱体。有髓神经纤维进入小体时失去髓鞘，裸露轴突穿入小体中央的圆柱体内，环层小体感受压觉。

（五）神经胶质细胞（脊髓切片）

高倍镜观察 在脊髓前角运动神经元之间有些小细胞。其核较大且为圆形者属星形胶质细胞（astrocyte）；核小为卵圆形者为少突胶质细胞（oligodendrocyte）；核为不规则形或杆状属小胶质细胞（microglia）。在 HE 染色标本中，胶质细胞突起均不能显示，只能依靠其核的特征加以区分。

三、示教

突触

1. **低倍镜观察** 本切片为脊髓横断切片，镀银染色。在脊髓的前角可见较大的神经元，染成棕黄或棕黑色，在胞体和树突上均有许多小颗粒为突触前部。

2. **高倍镜观察** 在大的神经元胞体和树突表面，附着许多黑色的扣状或环状结构，有的一端连有黑色单一的细纤维，即突触（synapse）的终末前纤维。

3. **电镜照片** 突触前膜、突触后膜、突触间隙、突触小泡。

四、要点复习

1. **神经元的光镜结构** 神经元可分为胞体和突起两部分。

（1）胞体：神经元胞体形态多样，大小悬殊，均由细胞膜、细胞质和细胞核构成。细胞膜是可兴奋膜，具有接受刺激、处理信息以产生和传导神经冲动的功能。细胞质中有特征性结构尼氏体和神经原纤维。尼氏体分布于胞体和树突中，呈强嗜碱性，均匀分布，可呈斑块状或细颗粒状。神经原纤维在银染色切片中，呈棕黑色细丝，交错排列成网。细胞核位于细胞中央，大而圆，核被膜明显，常染色质多，着色浅，核仁大而明显。

（2）突起：突起分为树突和轴突两种。通常一个神经元有一个至多个树突，但轴突只有一条。树突多呈树状分支，分支上常见许多棘状的小突起，称树突棘。轴突呈细索状，末端常有分支。轴突表面的细胞膜称轴膜，内含的胞质称轴质。胞体发出轴突的部位常呈圆锥形，称轴丘，光镜下此区无尼氏体，染色淡。

2. **突触的电镜结构和分类** 突触可分为化学突触和电突触两大类。化学突触的电镜结构可分突触前成分、突触间隙和突触后成分三部分。突触前、后成分彼此相对的细胞膜分别称为突触前膜和突触后膜，两者之间的狭窄间隙为突触间隙。突触前成分内含许多突触小泡，还有少量线粒体、滑面内质网、微管和微丝等。突触小泡的大小和形状不一，有的清亮，有的含有致密核心。突触前膜和后膜均比一般细胞膜略厚，在突触前膜还有电子密度高的锥形致密突起突入胞质内，突起间容纳突触小泡。

3. **神经胶质细胞的分布和分类** 神经胶质细胞广泛分布于中枢和周围神经系统，在中枢神经系统有星形胶质细胞、少突胶质细胞、小胶质细胞和室管膜细胞。在周围神经系统有施万细胞和卫星细胞。

4. **神经纤维的分类及各自结构特点** 神经纤维可分有髓神经纤维和无髓神经纤维。

（1）周围神经系统的有髓神经纤维：包有髓鞘。髓鞘分成许多节段，各节段间的缩窄部称郎飞结。相邻两个郎飞结之间的一段称结间体。每一结间体的髓鞘是由一个施万细胞的胞膜融合,并呈同心圆状包卷轴突而形成的,电镜下呈明暗相间的同心状板层。

(2)中枢神经系统的有髓神经纤维:其结构基本与周围神经系统的有髓神经纤维相同,不同的是它的髓鞘是由少突胶质细胞突起末端的扁平薄膜包卷轴突而形成。一个少突胶质细胞有多个突起可分别包卷多个轴突。

(3)周围神经系统的无髓神经纤维:由较细的轴突和包在它外面的施万细胞组成。施万细胞不形成髓鞘,无郎飞结。

(4)中枢神经系统的无髓神经纤维:轴突外面没有任何鞘膜,因此是裸露的轴突。

5.神经末梢的分类及各自结构特点　按其功能可分感觉神经末梢和运动神经末梢两大类。

(1)感觉神经末梢:有游离神经末梢、触觉小体、环层小体和肌梭。

(2)运动神经末梢:分躯体运动神经末梢即运动终板和内脏运动神经末梢。

五、思考题

(1)试述一个多极神经元的形态结构。

(2)说明化学性突触的超微结构及信息传递过程。

(3)比较周围神经系统中有髓神经纤维和无髓神经纤维的结构特点与功能特点。

(4)掌握下列名词概念:尼氏体、神经原纤维、突触、郎飞结、施-兰切迹、神经内膜、神经束膜、神经外膜、肌梭、触觉小体、环层小体、运动终板、血-脑屏障。

(田衍平)

实训七微课视频

多极神经元　　神经纤维

实训八

眼和耳

学习要点

掌握：① 角膜、视网膜的分层结构特征。② 掌握螺旋器的结构特征。

了解：① 眼睑的形态结构。② 虹膜、睫状体、脉络膜、晶状体的形态结构。③ 球囊斑、椭圆囊斑和壶腹嵴的结构。

一、实训内容

(1) 眼和耳切片观察：见表 8-1。

表 8-1 眼和耳切片观察

	器官来源	染色方法
重点内容		
眼球切片	眼球	HE 染色
内耳切片	内耳	HE 染色
参考内容		
眼睑切片	眼睑	HE 染色

(2) 示教内容。

二、组织切片观察方法

(一) 眼球（眼球切片）

1. **肉眼观察** 参考教科书上眼球切片图，识别构成眼球各部分的部位。

2. **低倍镜观察** 标本呈圆球形，中空部位为玻璃体，周缘着色深者为眼球壁，前部略突出的少部分为角膜。靠近角膜处内侧可见红色椭圆形结构即为晶状体。晶状体两侧靠眼球壁可见棕黑色不规则结构为睫状体。后者向晶状体前伸出的棕黑色薄膜是虹膜。晶状体前后的无色透明处为房水和玻璃体，眼球后极可见视神经。

3. **高倍镜观察** 眼球壁由外向内分三层，在高倍镜下由外向内依次观察以下结构：

(1) 纤维膜：位于最外层，染红色。前 1/6 为角膜，后 5/6 为致密结缔组织构成的巩膜。

1) 角膜（cornea）位于眼球前部，稍向前凸起，自前向后分为 5 层（彩图 8-1）。

A. 角膜上皮：为未角化的复层扁平上皮，其特点为基部平整，表面不角化，不含色素。

B. 前界膜：为一层均质的染成粉红色的薄膜。

C. 角膜基质：甚厚，由大量与表面平行排列的胶原板层组成，其纤维与巩膜纤维相延续。胶原板层间散在分布有扁平的成纤维细胞。此层内无血管为其特点。

D. 后界膜：也是一层匀质粉染的薄膜，较前界膜更薄。有的切片不明显，它向后延伸至虹膜根部，形成小梁网。

E. 角膜内皮：在角膜最内面，为一层扁平上皮。在角膜外缘，可见巩膜表面出现一层疏松结缔组织，外覆复层鳞状上皮，该上皮与角膜上皮相连，此处即为球结膜。

2) 巩膜（sclera）位于眼球后部，其前部表面被覆有球结膜。二者移行处称角膜缘（彩图 8-1）。巩膜由致密结缔组织构成，纤维交叉排列，纤维束之间有成纤维细胞。

角膜和巩膜的移行处为角膜缘（corneal limbus）。此处可见角膜基质的纤维、后界层和角膜内皮延续展开成小梁网，网间裂隙称小梁间隙，其壁附有内皮，并与角膜内皮、虹膜内皮相连。在巩膜与角膜交界处的内侧，小梁网的外侧有一窄长腔隙，为环行的巩膜静脉窦的横断面，腔面衬有内皮。该窦后方，巩膜内缘向前突出一嵴称巩膜距（scleral spur），是小梁网和睫状肌的附着点。

(2) 血管膜：为纤维膜内面的棕黑色膜，分为以下三个部分。

1) 虹膜：虹膜（iris）位于角膜与晶状体之间的棕黑色环状薄膜，中有一孔即为瞳孔。虹膜主要由富有色素细胞的疏松结缔组织构成。自前向后分为三层。

A. 前缘层：由成纤维细胞和色素细胞形成不连续的一层。

B. 虹膜基质：由结缔组织、色素细胞和血管组成。

C. 虹膜上皮层：位于后面，由两层色素细胞组成。两层色素细胞的特点为① 前层细胞呈梭形，含有少量黑素颗粒，由此细胞分化出一层放射状的瞳孔开大肌，因含有肌原纤维，镜下可见到一层紧贴该层细胞前面的粉红色薄膜，是由虹膜根部向瞳孔呈放射状排列。在虹膜游离缘，还分化出环绕瞳孔缘处的瞳孔括约肌，为成束的平滑肌。② 后层细胞较大，呈立方形，细胞质内充满粗大的黑素颗粒。

2) 睫状体：睫状体（ciliary body）位于虹膜后外侧，脉络膜向前增厚的部分，前与虹膜相连，后与脉络膜相接，内表面贴附有视网膜盲部。切面呈左右对称的近三角形结构；自外向内分为三层。

A. 睫状肌层：为脉络膜延续之膨大部，主要含睫状肌和肌间结缔组织。睫状肌为平滑肌，附于巩膜距上。肌纤维之间的结缔组织中含有弹性纤维和少量色素细胞。

B. 血管层：即基质，是富含血管的结缔组织，后部较薄，前部较厚，可见色素细胞。

C. 睫状上皮层：为视网膜盲部的睫状体部。由两层立方细胞组成：外层为含有色素的立方上皮，内层为胞质清明的立方上皮。睫状突与晶状体之间有许多细长纤维相连，即睫状小带（又称悬韧带）。

3) 脉络膜：脉络膜（choroid）位于眼球后部，巩膜内面、睫状体后方。是富有大量色素细胞及血管的疏松结缔组织。脉络膜与视网膜相接处为一层均匀一致染成粉红色的薄膜，称为玻璃膜。

(3) 视网膜：视网膜(retina)位于血管膜内面，分为紧贴虹膜、睫状体内面的盲部和脉络膜内面的视部，二者交界处参差不齐，称为锯齿缘。视网膜视部即通常所指的视网膜，由四层细胞构成的膜状结构，从外向内依次为：色素上皮层、视细胞层、双极细胞层和节细胞层(彩图8-2)。但在普通染色标本上不易观察各层细胞的完整形态，只可辨认十层结构。

1) 色素上皮层：紧贴脉络膜内面，为一层含黑色素的立方上皮构成。

2) 视杆视锥层：由染成粉红色的许多纤维状和锥状突起组成，它们是视杆细胞和视锥细胞的外侧胞突。

3) 外界膜：为一层无结构的粉红色薄膜，由放射状胶质细胞外侧端相互连接形成。

4) 外核层：在外界膜之内，可见许多胞核聚集成层，嗜碱性较强，主要由视杆细胞和视锥细胞的胞体聚集形成。

5) 外网状层：呈粉红色带状，主要由视细胞的内侧突和双极细胞的树突组成。

6) 内核层：外网织层内，深染，可见许多细胞核聚集成层，细胞为双极细胞、支持细胞及联络细胞(包括水平细胞及无长突细胞)。

7) 内网状层：主要由双极细胞的轴突和节细胞的树突构成的红色带状结构。

8) 节细胞层：由数目较少，体积较大的节细胞胞体构成。内含大而圆的泡状核，核仁明显，细胞质内可见尼氏体。

9) 视神经纤维层：由粉红色细长纤维组成，是节细胞的轴突沿视网膜向视神经乳头集中而形成。

10) 内界膜：位于视网膜最内层，为一层无结构的粉红色薄膜，由放射状胶质细胞的内侧端相互连接形成。

在眼底部，有时可见到视盘和黄斑。① 视盘：视盘(optic disc)即视神经乳头，为节细胞轴突集中离开视网膜而形成视神经之处。其边缘突起，中央凹陷。视神经纤维穿行处的巩膜称为筛板。经此视神经纤维结合成束离开眼球，组成视神经，外有数层结缔组织膜包裹，各与脑之软膜、蛛网膜、硬膜及眼球之巩膜相连续。视网膜中央动、静脉由此出入。视盘处无视细胞，又称生理盲点。② 黄斑：黄斑(macula lutea)位于眼球的后极，视盘鼻侧，呈浅黄色区域。其中央有一凹陷称中央凹，该处视网膜的厚度逐渐减薄而形成凹陷，凹底视网膜只有色素上皮层和视锥细胞，是视觉最敏锐处。此处无血管。

(4) 眼球内容物：包括房水、晶状体和玻璃体。

1) 房水：位于前房和后房中，其中前房是指角膜之后、虹膜与晶状体之前的空隙，后房是指虹膜之后、玻璃体之前及睫状体与晶状体之间的空隙。

2) 晶状体：位于虹膜和瞳孔之后、玻璃体之前，为染成红色的双凸椭圆形结构。

A. 晶状体囊：包被在晶状体表面的浅红色薄膜。

B. 晶状体上皮：位于晶状体前面、晶状体囊下的一层立方上皮，接近晶状体赤道部逐渐增高为柱状。

C. 晶状体纤维：构成晶状体实质的大部分。为细长纤维，由赤道板处的上皮细胞向深部分裂、生长变长，渐变为晶状体纤维。核已消失。

3) 玻璃体：位于晶状体与视网膜之间。其表面有一层染成浅粉色的薄膜，即玻璃体膜。膜内为透明无结构的胶状物,含有少量多突细胞。因制作标本时高度收缩,故不易见到。

(二) 内耳(内耳切片)

1. **肉眼观察** 标本呈不规则形,近标本中央可见锥体形的结构即耳蜗。其中轴着色较深,为蜗轴,两侧各有三四个圆形空腔为骨蜗管的断面。

2. **低倍镜观察** 重点观察耳蜗的结构。

耳蜗(cochlea)形似蜗牛壳,中间为蜗轴,外围为蜗管,蜗管呈螺旋形环绕蜗轴两圈半。

(1) 蜗轴:耳蜗中央是由海绵骨构成的蜗轴,其底大顶小,内有血管和耳蜗神经穿行。蜗轴海绵骨突入蜗管内侧形成骨螺旋板,在基部(近蜗轴处)有成群的神经元,即螺旋神经节。节细胞为双极神经元,其树突分布于螺旋器的听觉细胞上,其轴突组成耳蜗神经。

(2) 蜗管:选择一结构完整的耳蜗断面观察,靠近蜗轴部分为内侧,远离蜗轴部分为外侧。由蜗轴突出的骨螺旋板和外侧的膜螺旋板共同形成一个隔。由骨螺旋板斜向外上至耳蜗外侧壁有一薄膜是前庭膜。这样每个耳蜗断面都被分为上、中、下三部分:上为前庭阶,下为鼓室阶,中间为膜蜗管。前庭阶和鼓室阶的腔面皆被覆以单层扁平上皮。

前庭阶和鼓室阶属于骨迷路,膜蜗管属于膜迷路。前庭阶和鼓室阶的腔面皆被覆以单层扁平上皮。膜蜗管由上、外、下三个壁组成。

1) 上壁:是前庭膜,膜的两面各为一层扁平细胞所被覆,细胞界限不清楚,只可见到椭圆形细胞核。两层上皮之间有少量结缔组织。

2) 外壁:即耳蜗外壁的一部分。此处骨膜增厚,形成螺旋韧带。螺旋韧带表面被覆有假复层或复层柱状上皮。

3) 下壁:由骨螺旋板和膜螺旋板组成。在膜螺旋板上有螺旋器(即听器,或柯蒂氏器)。骨螺旋板外缘伸出上下两突,上面的突向前庭阶叫前庭唇,下面的突向鼓室阶叫鼓室唇。由前庭唇向外伸出一个匀质红染的膜,即盖膜。活体上盖膜与下面螺旋器的毛细胞接触;标本中的盖膜因固定收缩而卷折弯曲,远离螺旋器。

3. **高倍镜观察** 重点观察膜蜗管的结构。

(1) 上壁:即前庭膜。其两侧有扁平上皮覆盖,中央为少量结缔组织。

(2) 外侧壁:是骨膜增厚而成的螺旋韧带表面的复层柱状上皮,内含血管,又称血管纹。

(3) 下壁:由骨螺旋板的外侧份和基底膜(即膜螺旋板)以及螺旋器构成。骨螺旋板略突,称前庭唇。由前庭唇向外侧伸出的均匀红染的薄膜即盖膜,有时因卷曲或脱落而不明显。基底膜内含胶原细丝束,为听弦,不易分辨。

螺旋器(spiral organ)是由膜螺旋板上皮增厚突向腔内形成(彩图8-3),其细胞分2类。

1) 支持细胞:主要由柱细胞(pillar cell)和指细胞(phalangeal cell)构成。

A. 柱细胞:在盖膜下面,有两排呈乙字形的细胞;内侧者称内柱细胞,外侧者称外柱细胞。其基部较宽,含有圆形的细胞核。因胞质内含有成束微管,故染色很深。此两排细胞上、下端相嵌合,中间分离而形成三角形腔道称内隧道。有时见有神经纤维穿过。

B. 指细胞:内柱细胞内侧可见1列内指细胞,外柱细胞的外侧有3~5列外指细胞。指细胞因胞体上方均伸出一指状突起而得名。

a. 内指细胞:为内柱细胞内侧的一行细胞。位于基膜上,细胞核位于细胞中部。

b. 外指细胞：在外柱细胞外侧，位于基膜之上，排成 3～5 列。细胞呈柱状，细胞核位于中部。

2）毛细胞：内毛细胞 1 列，外毛细胞 3～5 列，分别由相应的指细胞支撑，故基底面不达基膜。细胞游离面有纤毛即听毛，生活状态下，盖膜与听毛接触感受刺激，并将刺激转化为神经冲动传至蜗轴附近的，由双极神经元聚集形成的螺旋神经节。

A. 内毛细胞：位于内指细胞上方，呈烧瓶状，着色较深，顶端有排列整齐的听毛（不易看清）。

B. 外毛细胞：位于外指细胞上方，染色稍深，细胞呈柱状，细核圆居细胞中部。顶端也有排列整齐的听毛。

（三）眼睑（眼睑切片）

1. **肉眼观察** 眼睑断面呈长方形，稍弯曲，边缘染成蓝紫色；稍凹侧蓝色边缘为睑结膜，稍凸侧蓝色边缘为皮肤；二者相接处为睑缘。睑缘对侧为眼睑基部。

2. **低倍镜观察** 由前向后分辨眼睑各层结构。

（1）皮肤：较薄，真皮乳头浅，有毛囊、皮脂腺和汗腺。睑缘处有几列粗大的毛即睫毛，无立毛肌。皮脂腺很小，称睑缘腺。其附近有大汗腺，腺腔很大，上皮为单层立方或柱状，即睫毛腺。

（2）皮下组织：疏松结缔组织，黄种人可见脂肪组织，与真皮无明显分界。

（3）肌层：主要为眼轮匝肌，环行，切片上呈横断之骨骼肌纤维。基部纵行骨骼肌为提上睑肌，在睫毛毛囊之间有散在骨骼肌纤维，即睫毛肌。眼睑基部还可见有平滑肌，称眼睑肌。

（4）睑板：由致密结缔组织组成的板状结构。睑板内可见几乎与之等长的睑板腺，形态与皮脂腺相同，睑板腺中央有一长且直的腺导管，腔面衬以复层鳞状上皮，有时可见其开口于睑缘。在睑板之上、眼睑基部有时可见到一团浆液性腺泡，是副泪腺。

（5）睑结膜：由复层柱状上皮和薄层结缔组织（固有层）组成。上皮细胞之间夹杂有少量杯状细胞。近眼睑根部，结膜具有皱襞，是穹隆部。固有层及上皮内可见多数淋巴细胞浸润。

三、示教

椭圆囊斑或球囊斑、壶腹嵴

1. **低倍镜观察** 分别找到球囊或椭圆囊（两者在光镜下不易区分）及半规管壶腹部，此处的黏膜明显增厚。

2. **高倍镜观察** 可见椭圆囊斑或球囊斑、壶腹嵴处黏膜增厚，前者呈斑状、后者呈高帽状。上皮细胞可分为支持细胞、毛细胞两种。

（1）支持细胞：细胞底宽顶窄，位于基膜上，细胞核呈卵圆形，位于基部。

（2）毛细胞：为感觉细胞，夹于支持细胞之间，细胞上宽下窄，呈烧瓶状，细胞核为圆形，细胞游离端有突出的静纤毛。壶腹嵴的静纤毛更长，胶状物将毛包埋成圆锥状，称壶腹帽。椭圆囊斑、球囊斑的构造与壶腹嵴大致相似，只是毛短形成位砂膜，表面有红染的颗粒,称位砂。其黏膜隆起也不及壶腹嵴高。

四、要点复习

1. 角膜的结构　无色透明,不含血管。角膜从前至后分为5层,即角膜上皮、前界层、角膜基质、后界层和角膜内皮。

2. 视网膜的结构　主要由色素上皮细胞、视细胞、双极细胞、节细胞四层细胞组成。

视细胞分为胞体、外突和内突三部分。外突分为内节和外节,外节为感光部位,含有大量平行层叠的扁平状膜盘。视细胞分为视杆细胞和视锥细胞两种。

(1) 视杆细胞：外突呈杆状,分布在视网膜黄斑以外的周围部。膜盘与胞膜分离,形成独立的膜盘,顶端的膜盘不断老化脱落。感光蛋白称视紫红质,感弱光。

(2) 视锥细胞：外突呈圆锥形。膜盘大多与细胞膜不分离,顶端膜盘也不脱落。感光物质称视色素,感强光和颜色。

3. 膜迷路的结构　分为膜蜗管、膜前庭(椭圆囊和球囊)和膜半规管三部分,三者相互通连。

(1) 膜蜗管：膜蜗管内有螺旋器,又称柯蒂器,是听觉感受器,由膜蜗管基底膜的上皮增厚形成,由支持细胞和毛细胞组成。支持细胞主要有柱细胞和指细胞。柱细胞排列为内、外两行,之间围成一条三角形的内隧道。内柱细胞内侧有1列内指细胞,外柱细胞外侧有3～5列外指细胞。指细胞顶部凹陷内托着一个毛细胞。螺旋缘表面上皮分泌形成胶质性的盖膜,盖在螺旋器上方。

(2) 膜前庭：膜前庭内有椭圆囊斑和球囊斑,二者合称位觉斑,接受直线运动开始和终止的刺激,以及头部处于静止时的位觉。

(3) 膜半规管：膜半规管内壶腹嵴,感受头部旋转运动开始和终止时的刺激。

五、思考题

(1) 试述视网膜的细胞层次及各层细胞的结构特点。
(2) 试述两种视细胞的结构和功能上的异同。
(3) 光线进入眼中到达视细胞的外节之前,要经过哪些结构的作用？
(4) 近视眼和老花眼的组织学结构发生了什么变化？
(5) 老年性白内障如何形成？
(6) 青光眼、夜盲症和色盲的形成机制是什么？
(7) 麦粒肿是怎么回事？
(8) 试用组织学的相关知识解释晕车。
(9) 导致听力下降的可能组织学原因？
(10) 掌握下列名词概念：房水循环、黄斑、中央凹、角膜缘、螺旋器、血管纹、膜迷路、膜盘。

(刘运来)

实训八微课视频

螺旋器的结构

眼球的结构

实训九

循环系统

学习要点

掌握： ① 中动脉和中静脉的构造。② 大动脉管壁的结构特征。③ 心壁的组织结构。④ 小动、静脉和毛细血管的关系及构造。

了解： ① 心肌中浦肯野纤维与普通心肌纤维的形态差异。② 静脉管壁的结构特征。

一、实训内容

(1) 血管切片观察：见表 9-1。

表 9-1 血管切片观察

	器官来源	染色方法
重点内容		
心壁(the heart wall)	心壁	HE 染色
中动脉和中静脉	中动、静脉	HE 染色
大动脉(large arteries)	大动脉	HE 染色
毛细血管	食管	HE 染色
参考内容		
大静脉	大静脉	HE 染色

(2) 示教内容。

二、组织切片观察方法

(一) 心壁(心壁切片)

1. **肉眼观察** 标本凹凸不平、着浅粉色的一侧是心内膜，有时可见心瓣膜，中间很厚、着红色的是心肌膜，其外是心外膜。

2. **低倍镜观察** 心壁分三层结构(彩图 9-1)，由内向外观察区分心内膜、心肌膜、心外膜。

(1) 心内膜：心内膜(endocardium)可分为三层，三层界线不明显。

1) 内皮：较薄，表面为扁圆形的内皮细胞核，与血管内皮相似。

2) 内皮下层：其薄层结缔组织中含有少量平滑肌纤维。

3) 心内膜下层：紧靠心肌膜为结缔组织，内含浦肯野纤维，它与心肌相比，其直径较一般心肌纤维粗，染色较浅，肌浆丰富，肌原纤维少，横纹不太明显。

(2) 心肌膜：心肌膜(myocardium)最厚，占心壁的绝大部分，主要由心肌纤维组成，其间有结缔组织及丰富血管。心肌纤维呈螺旋状排列，可分内纵、中环、外斜各层，故在切片中能见到各种心肌纤维的断面。其间可见丰富的毛细血管和少量结缔组织。

注意：心肌纤维和浦肯野纤维在光镜下的区别。心肌纤维间结缔组织少，毛细血管丰富，有时可见其管腔内含有红细胞。

(3) 心外膜：心外膜(epicardium)较厚，表面整齐光滑，为结缔组织所组成，其中可见小动脉：管壁厚，管腔小而不规则；小静脉：管壁薄，管腔大而不规则；毛细血管、神经、脂肪组织和淋巴管。其外表面被覆一层间皮。

3. **高倍镜观察** 重点注意心肌纤维和浦肯野纤维(purkinje fibers)的区别。心肌细胞形态较为规则，染色较深，分布于心肌膜层；而浦肯野纤维分布于心内膜下层，胞体较大而不规则，染色较浅。

(二) 中动脉和中静脉（中动、静脉切片）

1. **肉眼观察** 此标本系并行的中动、静脉横切，可见两个较大的血管横断面。中动脉管壁较厚、着色深，管腔较小而规则；中静脉管壁较薄、管腔较大且不规则。它们周围为结缔组织。

2. **低倍镜观察** 全面观察，注意区别中动、静脉的一般结构。

(1) 中动脉：中动脉(medium arterles)管壁分层清楚，可分三层(彩图9-2A)，由腔面向外观察。

1) 内膜：很薄，被覆于腔面。在腔面只见一层内皮细胞核。在内膜和中膜间有一条波浪状的内弹性膜，染红色、折光性强。

2) 中膜：厚，主要由环行排列的平滑肌构成。其间有少量弹性纤维和胶原纤维。

3) 外膜：厚度与中膜大致相等，在中膜与外膜交界处有外弹性膜，故与中膜分界明显。外膜的主要成分是结缔组织，其中含有弹性纤维，多为纵行，故此处可见纤维的斜断面和横断面。外膜内有营养血管及神经的断面。

(2) 中静脉：中静脉(medium veins)管壁亦分三层(彩图9-2B)，分层不如中动脉清楚，由腔面向外观察。

1) 内膜：很薄，只见内皮细胞核，内弹性膜不明显，故与中膜分界不清。

2) 中膜：较薄，主要由3～5层环行平滑肌组成。其间有少量结缔组织。

3) 外膜：较中膜厚，由结缔组织组成。无外弹性膜，故与中膜分界不清。

3. **高倍镜观察（中动脉三层结构）**

(1) 内膜：可分三层。

1) 内皮：细胞界限不明显，可见其细胞核，呈扁圆形突向管腔。有时内皮脱落而不可见。

2) 内皮下层：很薄，含有胶原纤维和弹性纤维。有时内皮下层不易分清。

3) 内弹性膜：为内膜最外一层，呈波浪状，亮红色，折光性强，厚度也较均一。因制片后组织收缩故呈波浪状。

（2）中膜：平滑肌纤维界限不清，细胞核呈长杆状，有时因平滑肌纤维收缩，胞核呈螺旋扭曲。平滑肌纤维之间有弹性纤维和胶原纤维。弹性纤维着粉红色，折光性强；胶原纤维着色浅，不易分清。

（3）外膜：借数层外弹性膜与中膜分界，外弹性膜常不完整，只见一些不同长短的断面。外弹性膜外侧是疏松结缔组织，其中含有弹性纤维，大多纵行或螺旋，故被切成多边形、不规则形小块或条纹状的断面，红染且折光性强。

4. 高倍镜观察（中静脉的三层结构）

（1）内膜：分为三层。

1）内皮：内皮细胞核呈扁圆形突向管腔。

2）内皮下层：为少量结缔组织。

3）内弹性膜：不明显。

（2）中膜：主要为3～5层环行平滑肌，常呈束状，被结缔组织所隔开。

（3）外膜：无外弹性膜。近中膜处有时见纵行平滑肌的横断面。此外，可见胶原纤维、弹性纤维、血管及神经的断面。

中动脉与中静脉结构对比：中动脉的内外弹性膜明显，中膜和外膜的厚度基本相等，管壁较厚，管腔小而规则；中静脉内外弹性膜均不明显，中膜较薄，管腔大而不规则。

（三）大动脉（大动脉切片）

1. **肉眼观察** 标本为长方形（大动脉横断面的一部分），有的标本凹面是管腔面，管壁很厚，腔大而整齐。

2. **低倍镜观察** 由内向外观察，分为三层膜（彩图9-3）。

（1）内膜：较厚，内皮为单层扁平上皮，有时只见其细胞核，核突向管腔，内皮下层较厚，内弹性膜数层，与中膜的弹性膜相移行，故不易区分。

（2）中膜：最厚，主要由数十层同心圆排列的弹性膜构成。各层弹性膜间由弹性纤维相连，弹性膜在切片上呈略带波浪状的粗线条，着红色。

（3）外膜：较厚，由结缔组织构成，内含血管等结构。其外弹性膜与中膜分界不清。

3. **高倍镜观察**

（1）内膜：分为三层。

1）内皮：只见其扁圆形细胞核，有时内皮脱落而不完整。

2）内皮下层：比中等动脉要厚，其中除胶原纤维和弹性纤维外，还夹有一些散在的纵行平滑肌的横断面。

3）内弹性膜：数层，与中膜的弹性膜相连，故无明显分界。其间夹有少量平滑肌纤维。

（2）中膜：最厚，可见发达的弹性膜呈波浪状，着粉红色，折光性强。其间夹有平滑肌纤维和胶原纤维（彩图9-3）。

（3）外膜：由疏松结缔组织构成，内有营养小血管等结构。

（四）毛细血管，小动、静脉（食管切片）

1. **肉眼观察** 标本呈"C"形，内凹且着色深的一面是食管的管腔面。

2. **低倍镜观察** 由内向外全面观察标本，可见此标本上皮的深面是一层较厚的纤维性结缔组织,再外面是厚厚的肌层,在肌层间有少量的结缔组织,其中也含有毛细血管(capillaries)、小动脉(small arteries)、小静脉(small veins)。镜头回到纤维性结缔组织层,重点观察此层中含有很多毛细血管和小动、静脉(彩图9-4)。

3. 高倍镜观察

(1) 毛细血管:管腔很小,在横断面上可见到一个内皮细胞和一层很薄的膜围成,有内皮细胞核的部位管壁略厚,内皮细胞的核突向管腔。腔内有时可见1～2个血细胞。

(2) 小动脉:管腔为圆形。结构与中动脉相似,管壁可以区分出三层,内膜的内皮细胞核略突向管腔,可见染亮红色的呈波浪状的内弹性膜,中膜由数层平滑肌细胞构成,外膜为疏松结缔组织,与周围的结缔组织无明显的界线;较小的小动脉壁中内弹性膜消失,平滑肌层数变少。

(3) 小静脉:管壁薄,管腔大而不规则,其中常含有血液,管壁结构只见内皮和少量平滑肌,三层结构不易区分。

三、示教

大静脉 大静脉管腔大,不规则,管壁薄。中膜薄,由数层环行平滑肌构成;外膜厚,其中含有纵行的平滑肌纤维束。注意与大动脉的区别。

四、要点复习

1. 中动、静脉结构的比较 见表9-2。

表9-2 中动、静脉结构比较

	中动脉	中静脉
管腔	规则	常不规则
管径	小	大
管壁	厚,有弹性,平整	薄而柔软,弹性小,可塌陷
内弹性膜	明显	不发达或无
中膜	最厚	薄
平滑肌	丰富,环行	少,纵行,主要见于外膜内
弹性组织	丰富	少
结缔组织	少	多
瓣膜	近心腔大动脉有	管径2 mm以上者有

2. 毛细血管的分类、分布、结构 见表9-3。

表9-3 毛细血管的分类、分布、结构

	连续毛细血管	有孔毛细血管	血窦
管径	5～10 μm	不定	30～40 μm
管壁	较厚	薄	较薄,不规则
间隙大小	10～20 nm	不定	较大
细胞连接	紧密连接或桥粒	较厚处有紧密连接	不明显
细胞质	有吞饮小泡或成小管,有薄的隔膜封闭	吞饮小泡少	小泡少
内皮小孔	无	较多,可有隔膜封闭	有,较大
基膜	连续而完整	连续	不连续或缺如
通透性	大	较大	最大

3. 微循环　微循环(microcirculation)是微动脉到微静脉之间的血液循环,是血液循环的基本功能单位。其组成包括：微动脉、毛细血管前微动脉和中间微动脉、真毛细血管、直捷通路、动静脉吻合。

4. 心肌纤维和浦肯野纤维的结构异同处　见表9-4。

表9-4　心肌纤维和浦肯野纤维的结构异同

	心肌纤维	浦肯野纤维
结构相同之处	(1) 细胞形态：短柱状,有分支 (2) 细胞核的数量和位置：多数1个,位于细胞中央 (3) 闰盘：有	
结构不同之处	(1) 细胞形态规则,体积较小 (2) 肌原纤维较发达,有横纹 (3) 糖原含量少,HE染色深	(1) 细胞形态不规则,体积较大 (2) 肌原纤维少,无横纹 (3) 糖原含量多,HE染色浅

五、思考题

(1) 联系功能比较大动脉、中动脉、小动脉和微动脉的管壁结构和异同。

(2) 试比较三类毛细血管各有什么结构和功能特点？

(3) 试比较动脉与静脉管壁结构的异同。

(4) 简述心壁的组织学结构。

(5) 试述心脏传导系统的细胞组成、分布和功能意义。

(6) 掌握下列名词概念：浦肯野纤维、血窦、内弹性膜、心骨骼、W-P小体。

(杨　琴)

实训九微课视频

循环系统

实训十

皮　肤

学习要点

掌握：① 皮肤的结构。② 皮肤附属器(毛囊、皮脂腺和汗腺)的结构和功能。

了解：通过观察无毛皮肤切片,理解皮肤的组织结构及角化过程。

一、实训内容

(1) 皮肤组织切片观察：见表 10-1。

表 10-1　皮肤组织切片观察

	器官来源	染色方法
重点内容		
无毛皮	人指皮	HE 染色
有毛皮	人头皮	HE 染色
参考内容		
人腹壁皮	人腹壁	HE 染色

(2) 示教内容。

二、组织切片观察方法

(一) 无毛皮(人指皮切片)

1. **肉眼观察**　标本呈半月形,凸起的一面即为手指的掌面。由掌面起依次分为表皮(epidermis),真皮(dermis)(彩图 10-1)。

(1) 表皮：外表染粉红色,深部染成蓝色。在表皮的表面波纹状的起伏,即为指纹。

(2) 真皮：位于表皮的下面,呈粉红色。真皮下着色较浅的网状结构为皮下组织。

2. **低倍镜观察**　先全面观察标本,分清表皮、真皮和皮下组织,然后仔细观察各层结构。

(1) 表皮：为角化的复层扁平上皮,表皮的基底面起伏不平,与真皮的乳头层相嵌。

由浅至深观察表皮各层结构。

1) 角质层：角质层(stratum corneum)很厚,由数十层角化的扁平细胞组成,染为红色。注意角质层表面均匀起伏的波纹为指纹的横断面。同时还可以见到有穿行整个表皮的汗腺导管,因为这些导管呈螺旋状穿出表面,所以在切片上呈现出一连串的小管断面。

2) 透明层：透明层(stratum lucidum)由几层胞质较透明、嗜酸性的扁平细胞组成。

3) 颗粒层：颗粒层(stratum granulosum)为数层梭形细胞,呈波纹状起伏。

4) 棘层：棘层(stratum spinosum)位于基底层上方,为数层多边形细胞。

5) 基底层：基底层(stratum basale)由一层立方或矮柱状的细胞组成,细胞界限不清。

(2) 真皮：位于表皮下面,由致密结缔组织组成,可分为两层。

1) 乳头层：乳头层(papillary layer)紧贴在表皮下,由较薄的疏松结缔组织构成。结缔组织常呈乳头状突入表皮基底面,形成真皮乳头。

2) 网织层：网织层(reticular layer)在乳头层下方,由较厚的致密结缔组织构成,与乳头层分界不清。粗大的胶原纤维束与弹性纤维束互相交织,使纤维呈现各种不同的断面。此层内有较大的血管、淋巴管和神经束；还可见汗腺导管的断面直达表皮的基部。

(3) 皮下组织：皮下组织(hypodermis)位于真皮下方,由疏松结缔组织和脂肪组织构成,纤维性结缔组织将脂肪组织分隔成若干小叶,内含较大的血管、淋巴管、神经束、汗腺的导管部及分泌部。此外还有环层小体。

3. 高倍镜观察 重点观察表皮各层细胞结构、汗腺的导管部和分泌部。

(1) 表皮：由角质层向基底层观察。

1) 角质层：位于表皮浅层,由数十层染红色的角化扁平细胞组成,细胞已死亡,无胞核。细胞呈均质状,轮廓不清。

2) 透明层：由2~3层更扁的梭形细胞组成,细胞界限不清,胞核退化消失。胞质呈均质透明状,嗜酸性,折光性强。

3) 颗粒层：由3~5层梭形细胞构成,细胞呈波纹状起伏,胞核结构不明显,渐趋退化。胞质内含有大小不等、强嗜碱性的透明角质颗粒。

4) 棘层：由4~10层较大的多边形细胞组成,胞核大而圆,位于细胞中央。胞质丰富,呈弱嗜碱性,细胞向四周伸出许多细短的棘状突起。

5) 基底层：位于基膜上,为一层立方或矮柱状细胞。细胞核较大,呈圆形或椭圆形,染色较浅,可见分裂象。胞质较少,强嗜碱性。

(2) 真皮：分乳头层和网织层两层。

1) 乳头层：嵌入表皮的部分,真皮乳头层可分为血管乳头和神经乳头。① 血管乳头：乳头内可见丰富的毛细血管断面。② 神经乳头：乳头内可见卵圆形的触觉小体,小体长轴与表面垂直,内有扁平横列的细胞,外包有结缔组织被囊。

2) 网织层：由不规则致密结缔组织构成,与乳头层无明显分界,在粗大的胶原纤维束之间,可见不同切面的汗腺。

(3) 汗腺：分辨汗腺(sweat gland)的导管部和分泌部。

1) 导管部：管径较小,由2层小立方形细胞组成,胞质嗜碱性,染色深。导管进入表皮后,呈螺旋形上升,直接开口于表皮的汗孔。

2) 分泌部:位于真皮深层和皮下组织中,管径较大,管壁由单层立方形或矮柱状细胞围成。胞质着色较浅,核圆形,位于细胞基底部。腺上皮由明、暗两种细胞组成,明细胞较大、明亮,胞质嗜酸性,底部附于基膜上。暗细胞位于明细胞之间,较小,胞质嗜碱性。腺细胞与基膜之间可见扁平梭形的肌上皮细胞,其胞核狭长而着色深。

(4) 环层小体:环层小体(lamellar corpuscle)分布于真皮深层和皮下组织,体积较大,呈圆形或椭圆形。中央有一条均质状的圆柱体,周围由数十层呈同心圆排列的扁平细胞组成。

(二) 有毛皮(人头皮切片)

1. **肉眼观察** 为一块长条形的组织,表面着深蓝紫色的薄层组织为表皮,表皮下面染成粉红色的为真皮,真皮下面染色很淡的为皮下组织。在真皮中有一些斜行蓝紫色的线状结构即为毛囊,毛囊包裹着毛发(彩图10-2)。

2. **低倍镜观察** 区分表皮、真皮和皮下组织,并与无毛皮作比较,主要观察毛囊及皮脂腺的结构。

(1) 表皮是角化的复层扁平上皮,较薄,角质层也薄,有些部位可见表皮下陷形成毛囊。真皮较薄,由致密结缔组织组成,其内含许多毛囊、汗腺、皮脂腺及立毛肌。皮下组织含大量的脂肪组织,毛囊、毛球、汗腺可伸至此层。

(2) 毛及毛囊:毛有的脱落,有的留存,分为毛干、毛根两部分。毛干露于皮肤外,毛根插入毛囊内。

(3) 立毛肌:立毛肌(arrector pili muscle)位于毛囊的钝角侧,为一束平滑肌。其一端附着在毛囊的结缔组织性根鞘,另一端则附于真皮乳头层。

(4) 皮脂腺:皮脂腺(sebaceous gland)位于毛囊与立毛肌之间,分泌部呈囊泡状结构,大而着色浅,导管短,开口于毛囊。

3. **高倍镜观察**

(1) 毛干和毛根:毛干(hair shaft)为伸出皮肤表面的部分,有的已脱落。毛根(hair root)为埋藏在皮肤内的部分,由毛囊所包裹。毛干和毛根的组织结构基本相同,镜下呈棕褐色的粗条,毛根末端膨大成球。

(2) 毛囊:毛囊(hair follicle)为包裹在毛根周围的上皮和结缔组织,分内、外两层。内层为上皮根鞘,紧贴毛根,上端与表皮相延续,下端与毛根相融合;外层为结缔组织鞘,由致密结缔组织构成。

(3) 毛球:毛根和毛囊末端融合,形成膨大的毛球。结缔组织向毛球底面伸入,形成富含血管和神经的毛乳头。

(4) 皮脂腺:分泌部内层腺细胞较大,呈多边形,核小着色深,胞质内充满小空泡。外层为基细胞,细胞较小,染色较深。

(三) 人腹壁皮(人腹壁切片)

1. **肉眼观察** 为一块长方形组织,其一面可见染为蓝紫色的表皮,其余粉红色的则为真皮和少量皮下组织。

2. **低倍镜观察** 结构大致与指皮和头皮相同。

(1) 表皮：较薄，角质层也较薄。

(2) 真皮：较指皮薄，由致密结缔组织组成，内有毛发、毛囊、汗腺导管的断面及皮脂腺，毛发较头皮少而细小，立毛肌和皮脂腺不如头皮发达。

(3) 皮下组织：有血管、神经、脂肪组织、毛囊、汗腺导管部及分泌部、大汗腺的分泌部。

三、示教

黑素细胞(银染)(彩图10-3)、朗格汉斯细胞(ATP酶免疫组化染色)(彩图10-4)。

四、要点复习

1. 皮肤的一般结构与功能
(1) 表皮：角化的复层扁平上皮。
(2) 真皮：表皮下红染的致密结缔组织。
(3) 皮下组织：位于真皮网织层下面。

2. 表皮的分层和角化　表皮从表层到基层可分为五层。
(1) 角质层：表皮最外层，红染，由数十层角化的扁平细胞组成。
(2) 透明层：角质层下方，由数层胞质较透明、嗜酸性的扁平细胞组成。
(3) 颗粒层：透明层下方，为数层梭形细胞，呈波浪状起伏。
(4) 棘层：基底层上方，为数层多边形细胞。
(5) 基底层：由一层立方或矮柱状的细胞组成。

表皮由基底层至角质层的结构变化，反映了角质形成细胞增殖、分化、移动和脱落的动态变化过程。

3. 非角质形成细胞　黑素细胞、梅克尔细胞的分布、形态特点和功能见表10-2。

表10-2　黑素细胞、梅克尔细胞的分布、形态特点和功能

名　称	分　布	形态特点	功　能
黑素细胞	位于表皮基底细胞之间，其突起伸入基底细胞和棘细胞之间	LM：胞体呈圆形，核深染而胞质透明，突起不能辨认 EM：无桥粒连接，胞质内有特征性小泡状黑素体	吸收和散射紫外线，保护深层组织免受辐射损伤。
梅克尔细胞	位于基底层，有短指状突起伸入角质细胞之间	LM：不易辨认 EM：基底部胞质内含许多高电子密度的分泌颗粒，基底面可与感觉神经末梢形成突触	感受触觉刺激；对附近的角质形成细胞和皮肤附属器的发生，或对皮肤内神经纤维的生长起诱导和调节作用。

4. 真皮乳头层和网织层的结构特征
(1) 乳头层：为真皮呈乳头状突起伸入表皮基底层。
(2) 网织层：乳头层下方较厚的致密结缔组织。

5. 皮肤的附属结构　① 毛和毛囊的结构。② 皮脂腺的结构、分泌方式和功能。

③ 汗腺和顶泌汗腺。

五、思考题

(1) 简述表皮的分层结构及角化过程。
(2) 试述真皮的分层结构及功能特点。
(3) 简述毛发的结构。
(4) 暴露在阳光下的皮肤发生了什么组织学变化?
(5) 血泡/水泡的组织学基础是什么?
(6) 青春痘是怎么形成的?
(7) 掌握下列的名词概念：角质形成细胞、黑素细胞、朗格汉斯细胞、真皮乳头。

(蔡其燕)

实训十微课视频

皮肤

实训十一

免疫系统

学习要点

掌握: ① 淋巴结皮质,包括浅层皮质(淋巴小结)和副皮质区;皮质淋巴窦;髓质,包括髓索和髓窦的结构。② 掌握胸腺的结构、胸腺小体的结构。③ 掌握脾脏白髓的结构:包括动脉周围淋巴鞘、脾小体;边缘区的结构及细胞组成;红髓的结构。

了解: ① 血-胸腺屏障的结构与功能。② 扁桃体的结构。

一、实训内容

(1) 免疫组织切片观察:见表 11-1。

表 11-1 免疫组织切片观察

	器官来源	染色方法
重点内容		
淋巴结	人淋巴结	HE 染色
脾	猴脾	HE 染色
胸腺	人胸腺	HE 染色
参考内容		
腭扁桃体	人腭扁桃体	HE 染色
老年胸腺	老年胸腺	HE 染色

(2) 示教内容。

二、组织切片观察方法

(一) 淋巴结(人淋巴结切片)

1. **肉眼观察** 淋巴结在切片上呈肾形,一侧稍向内凹陷,为淋巴结门。表面有薄层被膜,染成粉红色。内部是实质,分为皮质和髓质,可根据部位和染色的不同来区分。皮质位于被膜下,实质的周边部分,着深蓝紫色;髓质位于皮质的深处,实质的中央部分,着浅蓝紫色。

2. **低倍镜观察**

(1) 被膜:被膜由较致密的结缔组织组成。可见粉红色索状结缔组织自被膜伸到实质内,形成小梁,它们构成实质内粗的网架结构。小梁粗细不等,在切片中可被切成长条形、圆形、椭圆形、或分支状。小梁内可见血管断面。

(2) 皮质

1) 浅层皮质：淋巴小结,主要是由密集的 B 细胞构成的球形结构,多呈单层分布。小结中央着色较浅,称生发中心,分为暗区和明区。明区顶端覆盖有一半月形小淋巴细胞层,染色深,称小结帽(彩图 11-1)。

2) 胸腺依赖区：又称为副皮质区。为分布于皮质深层的弥散淋巴组织,以小淋巴细胞为主,呈弥散分布。

3) 皮质淋巴窦：分布于被膜与淋巴组织之间(被膜下淋巴窦)和小梁与淋巴组织之间(小梁周窦)。

(3) 髓质

1) 髓索：是由密集的淋巴组织构成的条索状结构,彼此相连。在切片中着深蓝紫色,粗细不等,形状不规则,可呈长条形或分支状。淋巴索内亦可见血管断面。

2) 髓窦：又称髓质淋巴窦,为走行于淋巴索之间和淋巴索与小梁之间的浅色区域,其形状迂曲,窦腔较宽,且分支吻合成网。

3. 高倍镜观察

(1) 皮质

1) 淋巴小结：小结帽的细胞为小淋巴细胞,细胞核小,呈圆形或肾形；核膜及染色质清楚,但核仁小而不明显；细胞质很窄且着色浅,因而细胞轮廓不易看清。在生发中心,主要是体积较大、圆形的大淋巴细胞和中等淋巴细胞,它们的细胞核大,呈圆形或卵圆形,而且核仁明显；细胞质较宽,嗜碱性强。

2) 胸腺依赖区：以小淋巴细胞为主,呈弥散分布。此区可见毛细血管后微静脉,其内皮较高,呈立方形,细胞核椭圆形,偶可见淋巴细胞穿过内皮。

(2) 髓质

1) 髓索：宽且嗜碱性强,细胞核圆形,染色质呈车轮状排列。另外,在髓索内亦可见扁平内皮细胞围成的毛细血管后微静脉。

2) 髓窦：窦壁由内皮细胞围成,附于淋巴索及小梁表面。内皮细胞核呈扁椭圆形,细胞质少。窦腔内分布有星状多突的网状细胞,其细胞核较大,呈圆形或椭圆形,细胞质弱嗜酸性。网状细胞以胞突彼此相连,在网眼内可见少量游离的淋巴细胞及巨噬细胞。巨噬细胞的胞体较大,呈卵圆形；细胞核较大,呈圆形,细胞质较宽,嗜酸性较强。

(二) 脾(猴脾切片)

1. 肉眼观察　标本一侧的表面有被染成粉红色的被膜。被膜以下是实质,大部分呈红紫色,为红髓；其中散在分布的深蓝紫色球团或条索状结构,为白髓。在红髓中可见粉红色的团块或条索状物,为脾小梁(彩图 11-2)。

2. 低倍镜观察

(1) 被膜：由较厚的致密结缔组织组成,含有弹性纤维和少量平滑肌细胞。被膜外面覆盖着间皮。被膜结缔组织伸入实质,形成脾小梁。

(2) 实质

1) 白髓：散在分布在红髓内，染成深蓝色，主要由密集的淋巴组织构成。可分为两部分(彩图11-3)。

A. 动脉周围淋巴鞘：由紧包在中央动脉周围的密集的淋巴组织组成。由于动脉走行方向不一，可见淋巴鞘的横、斜断面及有分支的断面，偶见纵断面。断面中央为中央动脉。

B. 脾小体：为脾内的淋巴小结，位于淋巴鞘的一侧，故此处白髓的直径大于单纯的淋巴鞘，且中央动脉位于脾小体的一侧而呈偏心位。脾小体常有生发中心，此处着色较浅，淋巴细胞较大，特点与淋巴结的淋巴小结相似。

2) 红髓：范围广，分布于白髓之间及白髓与脾小梁之间。分为两部分。

A. 脾窦(即血窦)：走行迂曲，窦腔大小视血液充盈程度而异。窦腔内有的空虚，有的含血细胞，以红细胞居多。窦壁邻接脾索，当窦腔空虚时较易辨认。

B. 脾索：位于相邻的脾窦之间，呈分支条索状，主要由网状组织构成。

3) 边缘区：位于白髓和红髓之间，组织较疏松，可见巨噬细胞。

在红髓中有小梁穿行。小梁被染成粉红色，因切面而呈长条状、分支状或圆形，其结构与被膜结缔组织相同。小梁内有小梁动、静脉。

3. **高倍镜观察** 在低倍镜观察的基础上，转换高倍物镜重点观察以下结构。

(1) 动脉周围淋巴鞘：淋巴组织以小淋巴细胞为主，密集分布。动脉周围淋巴鞘的中央有中央动脉，可见各种断面。动脉壁的内膜可见内皮和内弹性膜，中膜可见平滑肌环绕。

(2) 脾小体：脾小体由淋巴细胞密集而成，可见网状细胞、淋巴细胞、巨噬细胞等。功能活跃的脾小体可见帽、明区和暗区。

(3) 脾窦：窦壁内皮细胞为长杆状，沿脾窦长轴平行排列，细胞核所在处细胞体向窦腔内隆起，内皮细胞之间有小间隙。若为脾血窦横切，内皮细胞核呈圆形，突向腔面。窦腔内可有血细胞，以红细胞居多。

(4) 脾索：位于脾窦之间，呈不规则条索状，主要由网状组织构成，网眼中含有各种血细胞以及巨噬细胞、浆细胞等。

(5) 小梁：在红髓中可见小梁的不同断面，由结缔组织构成，内有弹性纤维及少量平滑肌细胞，并可见小梁动脉和小梁静脉。

(三) 胸腺(人胸腺切片)

1. **肉眼观察** 沿标本凸面可见粉红色的被膜，被膜伸到胸腺内部形成小叶间隔，将胸腺实质分成许多不完全分隔的胸腺小叶。胸腺实质分为皮质和髓质两部分。在小叶周边着深蓝紫色的是皮质，在小叶中央着色较浅的为髓质，皮质不完全包裹每个小叶的髓质，相邻小叶的髓质彼此相连。

2. **低倍镜观察** 胸腺标本以低倍镜观察为主，辨认其各组成部分的结构，并分析与淋巴结和脾脏的异同(彩图11-4)。

(1) 被膜和小叶间隔：由结缔组织构成，胶原纤维着粉红色，在纤维之间可见成纤维细胞的细胞核。

(2) 皮质：位于小叶的周边，相邻小叶的皮质之间有小叶间隔。皮质主要由扁平的被膜下上皮细胞和星状的胸腺上皮细胞和淋巴细胞组成,淋巴细胞多而密集,故皮质着色较深(胸腺皮质有无淋巴小结和淋巴窦?)。

(3) 髓质:位于小叶的深部,相邻小叶的髓质彼此相连。髓质也主要由星状的胸腺上皮细胞和淋巴细胞组成,但由于前者较多,而后者较少并稀疏,故髓质着色较浅。髓质上皮细胞的体积较大,呈圆形或多边形;细胞质较宽,着浅粉色;细胞核呈圆形,着色浅;淋巴细胞呈圆形,细胞核染色较深,细胞质少而着色不明显。

胸腺小体:散在分布于髓质内,多呈圆形,大小不一,由数层扁平的胸腺小体上皮细胞同心环抱形成(细胞层数不易分辨)。小体外层的细胞有细胞核,呈新月状,小体中心的细胞可完全角化,嗜酸性较强。低倍镜观察后换高倍镜进一步观察。

三、示教

(一) 腭扁桃体(人腭扁桃体切片)

1. **肉眼观察** 标本的一侧是扁桃体的表面(游离面),可见一层紫红色的黏膜上皮及上皮下的薄层粉红色的固有层。标本的另一侧是扁桃体的底面,可见由粉红色的被膜包裹。沿黏膜上皮观察,可见上皮向扁桃体内部的结缔组织中凹陷,形成隐窝。在隐窝周围及固有层深侧可见着蓝紫色的结构,为重点观察的淋巴组织。

2. **低倍镜观察**

(1) 黏膜上皮和隐窝:在扁桃体的外表面被覆着复层扁平上皮。沿黏膜上皮推移标本,可见1~2个由上皮陷入扁桃体内所形成的隐窝。隐窝的上皮也是复层扁平上皮,上皮内可见侵入的淋巴细胞。

(2) 淋巴组织:在隐窝周围和黏膜上皮深部,可见密集分布的淋巴小结和弥散淋巴组织,淋巴小结可有生发中心。弥散淋巴组织中可见高内皮毛细血管后微静脉。

(3) 被膜:在扁桃体的底面,由结缔组织构成被膜,着粉红色。

(二) 老年胸腺(老年胸腺切片)

1. **肉眼观察** 可见胸腺内含有较多的不着色的脂肪组织,皮质和髓质的成分均较少。

2. **低倍镜观察** 和胎儿胸腺对比,老年胸腺以脂肪组织为主,仅留少量的皮质和髓质的成分。

四、要点复习

1. **淋巴细胞的分类**

(1) T细胞:初始T细胞、效应T细胞(辅助性T细胞、细胞毒性T细胞、调节性T细胞)、记忆性T细胞。

(2) B细胞:初始B细胞、浆细胞、记忆性B细胞。

(3) NK细胞。

2. **单核吞噬细胞系统的组成与功能** 单核吞噬细胞系统包括结缔组织内的巨噬细胞、肝内的库普弗细胞、肺内的尘细胞、神经组织内的小胶质细胞、骨组织内的破骨细胞、淋巴组织内的交错突细胞以及表皮内的朗格汉斯细胞等。它们均来源于骨髓内的幼单核细胞。具有捕获和递呈抗原,参与免疫应答,吞噬功能及分泌生物活性物质。

3. 胸腺的结构与功能

(1) 胸腺的结构:胸腺分为许多小叶。每一小叶又可分为周边的皮质和中央的髓质。无论皮质或髓质,均以胸腺上皮细胞为支架,间隙内含有大量胸腺细胞和少量胸腺基质细胞。胸腺小体是胸腺髓质的特征性结构。

(2) 胸腺的功能:T细胞分化成熟的场所;具有重要的免疫功能。

4. 淋巴结的结构特点与功能

(1) 结构:淋巴结的实质分为皮质和髓质两部分。皮质由浅层皮质、副皮质和皮质淋巴窦组成。髓质由髓索及髓窦组成。

(2) 功能:① 滤过淋巴液;② 进行免疫应答。

5. 脾脏的结构特点与功能　脾由白髓、红髓和边缘区三部分组成。白髓包括动脉周围淋巴鞘和淋巴小结。红髓分布于小梁周围及白髓之间,由脾索与脾血窦组成。脾的功能包括滤血、免疫应答、造血和储血。

五、思考题

(1) 试述单核吞噬细胞系统的组成、分布和功能特点。

(2) 简述淋巴细胞再循环的途径和意义。

(3) 比较胸腺、淋巴结、脾的结构和功能的异同。

(4) 在细胞免疫应答和体液免疫应答过程中,淋巴结和脾的结构各发生了什么变化?

(5) 掌握下列名词解释:单核吞噬细胞系统、血-胸屏障、胸腺小体、动脉周围淋巴鞘、抗原递呈细胞、淋巴细胞再循环、生发中心。

(杨　岚)

实训十一微课视频

淋巴结

胸腺

实训十二

内分泌系统

学习要点

掌握：① 甲状腺的光镜及电镜结构。② 肾上腺的光镜及电镜结构。③ 脑垂体的光镜及电镜结构。

了解：① 甲状腺滤泡旁细胞的结构。② 甲状旁腺的光镜结构。

一、实训内容

(1) 内分泌系统组织切片观察：见表 12-1。

表 12-1 内分泌系统组织切片观察

	器官来源	染色方法
重点内容		
甲状腺	人甲状腺	HE 染色
肾上腺	人肾上腺	HE 染色
垂体	人垂体	HE 染色
参考内容		
甲状旁腺	人甲状旁腺	HE 染色
甲状腺	人甲状腺	镀银染色

(2) 示教内容。

二、组织切片观察方法

(一) 甲状腺(人甲状腺切片)

1. **肉眼观察** 标本上包括两个腺体。较大的是甲状腺，呈红色。甲状腺的一侧有一体积较小的腺体呈深紫色结构，为甲状旁腺，有的标本上缺如。

2. **低倍镜观察**

(1) 被膜：包在腺体的表面，由致密结缔组织组成。

(2) 实质：主要由滤泡(follicle)构成。滤泡数量很多，大小不一。滤泡腔内充满染粉红色的胶状物质。毛细血管和少量结缔组织分布于滤泡之间。

3. 高倍镜观察

(1) 滤泡上皮细胞(follicular epithelial cell)：滤泡壁的上皮有的呈立方、有的呈矮柱状(想想这是为什么？)，核圆形，染蓝色，位于细胞中央。胞质着色较浅。在靠近上皮细胞游离面的部分胶状物质可见许多小空泡，这是因滤泡上皮吞饮所致。

(2) 滤泡旁细胞(parafollicular cell)：胞体较大，形状不规则。胞核圆形，着色浅；胞质染色很浅，可成团存在于滤泡间，或单个细胞夹在滤泡上皮之间(彩图 12-1)。

(二) 肾上腺(人肾上腺切片)

1. 肉眼观察 标本中央染色较浅的部分为髓质。周围部分为皮质，染色较深。

2. 低倍镜观察

(1) 被膜：包在肾上腺皮质的表面，由结缔组织组成。

(2) 皮质：所占面积较大，由于细胞排列方式的不同，可分为以下三带。

1) 球状带：球状带(zona glomerulosa)位于被膜下方。细胞较小，多聚集成团，染色较深。

2) 束状带：束状带(zona fasciculata)位于球状带下方，在皮质中所占面积最宽。细胞排列成索，染色较浅。

3) 网状带：网状带(zona reticularis)位置靠近髓质。细胞多呈散在分布，着色较深。

(3) 髓质：位于肾上腺的中央，细胞多呈索或成团，体积较大，染色较深。髓质中可见较大的血管，为中央静脉的切面。此外细胞团或索间也可见毛细血管。有的毛细血管中充满血细胞。髓质中有时还可见神经元的胞体，属交感神经节细胞。

3. 高倍镜观察

(1) 皮质：见彩图 12-2。

1) 球状带：由较小的矮柱状或多边形细胞形成细胞团，细胞核染色较深，细胞质较少，细胞团间含有丰富的窦状毛细血管和少量结缔组织。

2) 束状带：较厚由平行排列的细胞索及索间的窦状毛细血管组成，细胞较大，呈多边形，胞质中有大量空泡，因而此层细胞着色浅(为什么？)。细胞索间有少量结缔组织和丰富的毛细血管。

3) 网状带：细胞索分支吻合成网，胞核小而圆形，染色深，胞质内含有棕黄色的脂褐质颗粒。

(2) 髓质：在中间有中央静脉。其管腔不规则，管壁富有分布不均被横断的平滑肌束。髓质主要由髓质细胞构成。髓质细胞呈多边形。胞体较大，核圆形，位于中央。细胞排列成索。经铬盐处理的标本，可见胞质内有许多黄褐色的嗜铬颗粒，因此胞质呈棕黄色。交感神经节细胞数量少，不易寻找，胞体大而不规则，核大而圆，染色浅，核仁明显，胞质染色深。

(三) 垂体(人垂体切片)

1. 肉眼观察 垂体的矢状切片为扁圆形。大部分染色较深，为远侧部。小部分染色甚浅，为神经部。两部分的交界处为中间部，所占范围甚小，但无明显界限。有的标本上方尚切有一小圆形结构，为结节部。

2. 低倍镜观察 主要观察远侧部(pars distalis)和神经部。

(1) 远侧部：细胞多成团分布，其间有疏松结缔组织分隔。细胞团间可见大量毛细血管，有的毛细血管中可含血细胞。细胞可分三种，相同的细胞常聚集一起。

1) 嗜酸性细胞：嗜酸性细胞(acidophil)数量多，细胞较大，胞质染红色。

2) 嗜碱性细胞：嗜碱性细胞(basophil)细胞大，胞质染紫蓝色。细胞数量较少，多分布在远侧部周边。

3) 嫌色细胞：嫌色细胞(chromophobe cell)细胞数量最多，但体积最小，胞质染色较浅。

(2) 神经部：由无髓神经纤维和神经胶质组成。

1) 无髓神经纤维：纤维较细，呈粉红色。

2) 神经胶质：在标本上只见胞核，不易见到胞质。核为长圆形，染色较深。

3) 赫令体：赫令体(herring body)数量少，分布在神经纤维之间。其结构为均质样的粉红色团块，大小不等。

3. 高倍镜观察

(1) 远侧部：辨认三种细胞(彩图 12-3)，在一些褪色的切片中不能辨认。

1) 嗜酸性细胞：细胞多为多边形或不规则形。胞质中所含的细小颗粒呈红色。由于颗粒密集和显微镜分辨能力的限制，颗粒界限不清，因而所显的颜色似为均匀一致的红色。核为圆形，染色较浅。

2) 嗜碱性细胞：较嗜酸性细胞略大。胞质中的颗粒呈紫蓝色。也由于与嗜酸性细胞同样的原因，常不能分辨出颗粒。核为圆形，染色较胞质浅。

3) 嫌色细胞：细胞体积小，界限不清。细胞质较少，染色浅，不含颗粒。核圆形。此种细胞较多，常聚集成团。

以上几种细胞都集中成团。在细胞团间可见少量呈粉红色的胶原纤维和较多的毛细血管。

(2) 神经部

1) 观察低倍镜下已见到的神经纤维和垂体细胞。

2) 赫令体：呈结构均匀的不规则块状物质，大小不定，呈粉红色，分布在神经纤维之间(彩图 12-4)。

三、示教

(一) 甲状旁腺(人甲状旁腺切片)

1. **方法** 镀银染色或组化 ATP 法。

2. **低倍镜观察**

(1) 被膜：由薄层结缔组织组成。

(2) 实质：腺细胞排列成团、索状。团、索之间的少量结缔组织内有丰富的毛细血管。

3. **高倍镜观察** 甲状旁腺有两种细胞：

(1) 主细胞：占绝大多数。细胞呈多边形，界限不易分清；细胞核呈圆形，染色质细密；胞质染色较浅。

(2) 嗜酸性细胞：较少，单个或数个细胞散在于主细胞之间，细胞较大，细胞核浓缩，胞质强嗜酸性。这种细胞在人 10 岁后才出现，猴的甲状旁腺中可见此细胞，但猫、狗等动物中无。

(二)甲状腺滤泡旁细胞(人甲状腺切片)

1. 材料与方法　甲状腺组织,Buoin 固定,石蜡切片,Grimelius 镀银染色。

2. 低倍镜观察　甲状腺滤泡被染成浅蓝色,滤泡旁细胞被染成棕黄色或棕黑色,位于甲状腺滤泡上皮细胞之间或三五成群分散在滤泡之间。

3. 高倍镜观察　滤泡间有分散或成群分布体积较大的细胞,胞质中有许多棕黑色银染颗粒,此为滤泡旁细胞。

四、要点复习

1. 两类激素细胞的结构特点　见表12-2。

表12-2　分泌含氮激素细胞与分泌类固醇激素细胞的结构特点

	分泌含氮激素细胞	分泌类固醇激素细胞
分泌物	胺类、肽类或蛋白质激素	类固醇激素
超微结构特点	发达的粗面内质网 发达的高尔基体 有分泌颗粒 无脂滴 线粒体嵴为板层状	滑面内质网发达 无分泌颗粒 有脂滴 线粒体嵴为管泡状
受体	细胞膜上	细胞质或核内
起源	内、外胚层	中胚层

2. 甲状腺实质的光镜结构、甲状腺滤泡细胞的电镜结构特征　甲状腺滤泡大小不等,由单层立方滤泡上皮细胞围成;腔内充满嗜酸性均质状胶质,即碘化的甲状腺球蛋白;周围结缔组织富含有孔毛细血管。滤泡上皮细胞:含氮激素分泌细胞,胞质顶部有分泌颗粒和胶质小泡,产生甲状腺素。滤泡旁细胞:位于甲状腺滤泡间,或滤泡上皮细胞间,较大,色淡,分泌颗粒内含降钙素。

3. 肾上腺的光镜结构特征,以及其分泌激素的功能

(1) 外包结缔组织被膜,实质分皮质和髓质,实质含大量类固醇激素分泌细胞和丰富的血窦。

(2) 球状带:细胞聚集成球团状;细胞较小,分泌盐皮质激素(醛固酮),促进肾保 Na^+ 排 K^+ 和胃吸收 Na^+,维持血容量。

(3) 束状带:细胞排成索;细胞较大,含大量脂滴,分泌糖皮质激素(皮质醇),促进蛋白和脂肪转变为糖,抑制免疫应答,对抗炎症。

(4) 网状带:细胞索吻合成网;细胞较小,嗜酸性,含较多脂褐素,分泌雄激素、少量雌激素和糖皮质激素。

(5) 髓质含髓质细胞、少量交感神经节细胞、血窦,有中央静脉。髓质细胞[嗜铬细胞(chromaffin cell)]:多边形,排成索、团,含嗜铬颗粒,分为肾上腺素细胞和去甲肾上腺素细胞,分别分泌肾上腺素和去甲肾上腺素。

4. 垂体的光镜结构特征,腺垂体和神经垂体分泌的激素　垂体分为腺垂体和神经垂体。

（1）腺垂体分为远侧部、中间部和结节部。

1）远侧部：有三种细胞。嗜酸性细胞：胞质嗜酸性，分泌的生长激素（growth hormone，GH），促进肌肉、内脏的生长及多种代谢过程，刺激骺软骨生长，使骨增长。分泌的催乳素（prolactin，PRL），女性较多，促进乳腺发育和乳汁分泌，分娩前期和哺乳期功能旺盛。嗜碱性细胞：胞质嗜碱性，分泌的促甲状腺素（throid-stimulating hormone，TSH）促进甲状腺素的形成和分泌；促肾上腺皮质激素（adrenocorticotropic hormone，ACTH）促进肾上腺皮质束状带分泌糖皮质激素；促性腺激素中的卵泡刺激素（follicle-stimulating hormone，FSH）促进女性卵泡发育，促进男性精子发生；黄体生成素（luteinizing hormone，LH）促进女性排卵和黄体形成，促进男性分泌雄激素。嫌色细胞：染色浅，界限不清，部分含少量分泌颗粒，为脱颗粒的嗜色细胞，或处于形成嗜色细胞的初期阶段。

2）中间部：由嗜碱性细胞和滤泡构成，分泌黑素细胞刺激素（melanocyte-stimulating hormone，MSH）。

3）结节部：主要由嫌色细胞构成，有少量嗜酸性细胞、嗜碱性细胞。

（2）神经垂体主要由无髓神经纤维、赫令体、垂体细胞组成。

1）无髓神经纤维：下丘脑视上核、室旁核神经内分泌细胞的轴突形成的下丘脑神经垂体束。

2）赫令体：视上核、室旁核的分泌颗粒沿轴突聚集而成的嗜酸性团块，内含抗利尿激素或催产素。

3）垂体细胞：神经胶质细胞，有的含较多脂滴和脂褐素。

五、思考题

（1）肾上腺皮质与下丘脑的关系？

（2）下丘脑弓状核的神经内分泌细胞轴突末梢所产生的激素如何到达腺垂体的远侧部？

（3）分泌含氮激素细胞与类固醇激素细胞的特点，APUD系统及DNES的概念。

（4）甲状腺素在滤泡上皮细胞的合成、贮存及释放过程。

（5）比较肾上腺皮质与髓质的组织结构与功能。

（6）垂体释放的激素名称及对应合成细胞。

（7）垂体门脉系统的功能意义。

（8）掌握下列的名词概念：嗜酸性细胞、嗜碱性细胞、甲状腺滤泡旁细胞、垂体细胞、赫令体、垂体门脉系统、嗜铬细胞。

（李　敏）

实训十二微课视频

甲状腺

肾上腺

实训十三

消化管

学习要点

掌握：① 消化管壁四层膜的结构特点。② 胃底部四层膜的结构，重点观察胃底黏膜结构并联系其机能。③ 小肠壁的四层膜结构。④ 阑尾的一般结构。

了解：① 十二指肠、空肠，回肠之间结构的细微差别。② 大肠肠壁一般结构。

一、实训内容

（1）消化管切片观察：见表 13-1。

表 13-1 消化管切片观察

	器官来源	染色方法
重点内容		
食管	狗食管	HE 染色
胃	人胃底部	HE 染色
十二指肠	人十二指肠	HE 染色
回肠	人回肠	HE 染色
阑尾	人阑尾	HE 染色
参考内容		
结肠	人结肠	HE 染色
空肠	人空肠	HE 染色

（2）示教内容。

二、组织切片观察方法

(一) 食管（狗食管横切片）

1. **肉眼观察** 此为食管横切面的一部分，管腔不规则，管壁厚，其腔面一层紫蓝色部分为黏膜上皮，染深红色的为肌层，其他各层着色浅。

2. **低倍镜观察** 观察食管壁四层结构，由内向外分黏膜层、黏膜下层、肌层和外膜层。

（1）黏膜层：分为上皮、固有层、黏膜肌层三层。

1）上皮：上皮为复层扁平上皮。固有层突入上皮基底部形成乳头，有些地方因切面关系，乳头似在上皮内。

2）固有层：较薄，着粉红色，结缔组织中的纤维细密，其中含有较多的染为蓝紫色的成纤维细胞核，可见小血管（包括小动、静脉，微动、静脉和毛细血管），淋巴管及淋巴组织，有时还可见到食管腺导管。

3）黏膜肌层：是一层纵行的薄层平滑肌，在食管横断面上肌细胞呈横断面，有些部位缺失（试着思考其中可能的原因是什么？）。

（2）黏膜下层：为疏松结缔组织，呈粉红色，胶原纤维粗细不一，交织成网。除细胞外（观察中复习结缔组织的几种主要细胞，看看自己能找到几种），还有较大的血管。此外，此层可见食管特征性结构——黏液性复管泡状的食管腺。腺泡为圆形、卵圆形或不规则形，腺腔很小，腺细胞呈柱状或锥状，核扁平形，染色较深，位于细胞基底部，胞质淡染或浅蓝色。腺体小导管由单层立方细胞或柱状细胞围成，较大的导管由复层柱状上皮围成，至开口处则由复层扁平上皮围成。试着在自己的切片中寻找食管腺的开口，观察开口所处位置与复层扁平上皮的关系（彩图13-1）。

（3）肌层：肌组织类型根据取材部位的不同而不同。如果取自食管上1/3部分，为骨骼肌；若取自食管下1/3部分，则为平滑肌；若取自中1/3部分，则为这两种肌组织的移行混合构成。一般可分为内环、外纵两层，两层之间的结缔组织内有肌间神经丛，由神经细胞和神经纤维组成（注意观察自己切片的肌层中肌纤维属于何种类型，根据肌组织的种类，思考自己观察的是食管的哪一段？）。

（4）外膜：为疏松结缔组织，内含血管、神经等结构。

3. 高倍镜观察　注意观察肌间神经丛，可根据神经元胞体的形态特点来辨别，如体积大，胞质染成紫红色，核大、色浅、核仁明显等；神经元周围的神经纤维染色浅淡，在普通染色切片上不易分辨。

（二）胃（人胃底部切片）

1. 肉眼观察　为一长条形组织，一面高低不平，染为蓝色的部分是黏膜层（其表面为胃的腔面）；另一面呈粉色者为胃壁的其他部分。

2. 低倍镜观察　先识别胃壁的四层结构，然后以黏膜层为重点，详细观察其结构（彩图13-2）。

（1）黏膜层：靠近腔面。

1）上皮：为单层柱状上皮（你观察有些部位的上皮是复层的，想想为什么？），染色浅，核位于基底部，上皮向下凹陷形成许多胃小凹（gastric pit），胃小凹开口于黏膜表面，胃小凹底部有胃腺开口。被覆在黏膜和胃小凹表面的细胞统称为表面黏液细胞（surface mucous cell）。

2）固有层：较厚，由结缔组织构成，其中大部分由胃底腺（fundic gland）所占据，结缔组织很少，不容易看到明显特征的结缔组织细胞，被挤在腺体之间。

3）黏膜肌层：为薄层的平滑肌组织，其排列方式为内环、外纵。

（2）黏膜下层：位于黏膜肌层下方，由疏松结缔组织组成。其中可见较大的血管、淋巴管和神经丛等。

(3) 肌层：为平滑肌，其肌纤维排列成三层，为内斜、中环、外纵，但不易区分（有时因切片的关系致纤维走行方向紊乱）。在环行和纵行平滑肌间可见肌间神经丛。

(4) 浆膜：由间皮和间皮下薄层疏松结缔组织组成，有些部位观察不到明显的间皮细胞。

3. **高倍镜观察** 沿黏膜上皮观察胃小凹，可见有的胃腺与胃小凹相连通，仔细观察胃底黏膜和胃底腺的结构。

(1) 表面黏液细胞：位于胃腔表面或胃小凹的细胞呈柱形，细胞核呈椭圆形，位于基底；顶部细胞质内充满黏原颗粒，因制片中溶解而呈空泡状。在固有层内有很多胃底腺的断面。

(2) 胃底腺：分支或不分支的单管状腺，开口于胃小凹，它在标本上常被切成圆形、卵圆形或长条形。胃底腺分为颈、体和底三部分，颈部短而细，与胃小凹衔接，体部较长，底部略膨大，可达黏膜深部。

(3) 选择胃底腺的纵断面观察下列主要细胞（普通染色标本上，不能显示嗜银细胞）。

1) 主细胞：主细胞(chief cell)是胃底腺的主要细胞，数目最多，主要分布于胃底腺的体和底部；细胞呈柱状，细胞核圆形，位于细胞的底部，胞质嗜碱性很强，染成紫蓝色。细胞的顶端胞质中含大量的酶原颗粒（在制片时被溶解，故染色较浅）。这种细胞分泌胃蛋白酶原，故又称胃酶细胞（想想该细胞的超微结构。）。

2) 壁细胞：壁细胞(parietal cell)较主细胞少，多分布于胃底腺的颈部及体部，分散于主细胞之间；细胞体较大，呈圆形或三角形，细胞核圆形，位于细胞的中央，有时在一个细胞中可见双核，细胞质强嗜酸性，染为深红色。此细胞分泌盐酸，故又称泌酸细胞。

3) 颈黏液细胞：颈黏液细胞(mucous neck cell)数目较少，主要位于胃底腺的颈部，夹在壁细胞之间，并与胃小凹上皮相延续。细胞界限不易分清；细胞呈柱状或烧瓶状，细胞核呈扁圆形，位于基底部，胞质染色甚浅，故须仔细观察，方可辨认。辨认方法着重强调细胞的位置，再依据细胞的形态特点（此细胞有何功能？）。

(三) 小肠

1. **人十二指肠切片** 注意三段小肠结构的区别。

(1) 肉眼观察：切片中染成蓝紫色有较大突起的一面为黏膜层，这些较大突起为小肠皱襞。仔细观察可见在小肠皱襞上还有无数的小突起，这些小突起即为小肠绒毛。

(2) 低倍镜观察：分辨肠壁四层结构。

1) 黏膜层：黏膜层向肠腔突起，形成许多小肠绒毛，绒毛为叶片状，表面被覆一层柱状上皮，其间夹有杯状细胞（彩图 13-3）。绒毛中轴为固有层，其中可见中央乳糜管（彩图 13-3），毛细血管和平滑肌纤维等。相邻两个绒毛之间的上皮下陷形成肠腺，位于固有层内，在固有层中常含有淋巴组织。黏膜肌层较薄，由两层平滑肌（内环、外纵）组成。注意在切片中可以看到不同断面的肠绒毛和肠腺，识别它们的构造特征（彩图 13-3）。

2) 黏膜下层：位于黏膜下方，由疏松的结缔组织组成，含有大量十二指肠腺，这是十二指肠构造的显著特征（彩图 13-3）。它们是黏液腺，腺泡由单层立方上皮组成，导管穿过黏膜肌层，开口于肠腺底部或绒毛之间。腺体间为结缔组织，其中含有血管、黏膜下神经丛和淋巴管等。

3) 肌层：在黏膜下层下方，由两层平滑肌组成（内环、外纵）。两层间常见肌间神经丛。

4) 浆膜：为肠壁的最外层，由少量疏松结缔组织和间皮组成。

(3) 高倍镜观察：进一步观察如下结构。

1) 小肠绒毛：覆盖在绒毛表面的是单层柱状上皮，柱状的吸收细胞之间夹杂杯状细胞。吸收细胞顶端有明显的纹状缘。绒毛中轴是固有层，其中央有时可见中央乳糜管；此外，还可见毛细血管、平滑肌纤维、淋巴细胞等。分散的平滑肌纤维沿绒毛中轴纵行排列，它们与绒毛的运动有关。

2) 肠腺：为单管状腺，由相邻绒毛根部之间的上皮下陷到固有层而形成，选择一断面观察肠腺的细胞（注意：若肠腺被横断，其结构为：上皮围绕腺腔，而固有层位于上皮外周；但若小肠绒毛被横断，其结构为：固有层位于中央，而上皮位于外周）。

A. 柱状细胞又称吸收细胞。

B. 杯状细胞。以上两种细胞均与上皮组织实训时的标本描述相同。

C. 帕内特细胞：帕内特细胞（paneth cell）位于肠腺底端，细胞体呈锥体形，顶部细胞质内含有许多粗大的嗜酸性颗粒，染成红色，多数需要特殊染色才能看到。

D. 内分泌细胞：在此普通染色标本上不能见到，需要特殊染色才能看到。

E. 未分化细胞：位于肠腺下部，帕内特细胞上方，细胞核呈圆形，浅染；细胞质着色浅；常见细胞分裂象。此细胞较难辨认，可不去辨认。

3) 小肠皱襞结缔组织内有时可见到黏膜下神经丛。

2. 人空肠切片　低倍镜观察：全面观察，分清层次，注意皱襞与绒毛的结构关系。与十二指肠作对比，空肠绒毛细长，指状。上皮内的杯状细胞数目增多；固有层内有较多分散的淋巴小结，此外可见各种断面的肠腺，从肠腺的纵切面观，可以理解它是由两个相邻绒毛的上皮下陷而形成。腺体的上皮细胞为柱状细胞、杯状细胞和帕内特细胞等，后者位于腺体的底部。黏膜肌层为薄层平滑肌，随黏膜下层突入环形皱襞中，有的平滑肌纤维伸入绒毛中轴的结缔组织中。黏膜下层内无腺体，此点是与十二指肠最显著的区别，为疏松结缔组织，其中有淋巴管及血管。肌层和浆膜与十二指肠相似。

3. 人回肠切片　低倍镜观察：与空肠相比较。着重观察绒毛的形状及数量。在回肠的固有层内淋巴小结多集合成群，称为集合淋巴小结，它们主要位于肠系膜附近处对侧的管壁内，并浸入绒毛基部，也可以延伸至黏膜下层。故回肠绒毛多呈锥体形。黏膜肌层不完整。此外，肠上皮内的杯状细胞数量很多。

4. 小结　三段小肠结构的区别。

(1) 绒毛的形状：十二指肠肠绒毛为叶片状，空肠肠绒毛为指状，回肠肠绒毛形状为短锥状。

(2) 杯状细胞的数目：从十二指肠到回肠，杯状细胞的数目依次增多。

(3) 特征结构的辨认。

1) 十二指肠：黏膜下层含有十二指肠腺，为黏液性复管泡状腺。

2) 空肠：黏膜内固有层有较多的分散淋巴小结。

3) 回肠：固有层内有集合淋巴小结，黏膜肌层不完整。

（四）大肠

1. **肉眼观察** 腔面可见较大突起，凹凸不平，染成蓝紫色的是黏膜层，另一面染为粉红色的是肠壁的其他部分。

2. **低倍镜观察**

(1) 黏膜层：无绒毛。上皮下固有层中充满大量肠腺，肠腺为单直管状腺，开口于黏膜表面。在固有层结缔组织中可见到孤立的淋巴小结和弥散的淋巴细胞。

(2) 黏膜下层：为疏松结缔组织，其内有较大的血管和黏膜下神经丛等。

(3) 肌层：为内环、外纵的平滑肌。在外纵行的平滑肌中，有1～2处肌层增厚，为结肠带（试想此标本是什么切面？）。两肌层间有少量结缔组织和肌间神经丛。

(4) 浆膜：外表覆盖一层间皮细胞。当间皮下结缔组织内富于脂肪组织时，可形成突出表面的突起，称之为肠脂垂（此标本上不一定切到）。

3. **高倍镜观察**

(1) 结肠上皮和肠腺均为单层柱状上皮，柱状细胞的纹状缘不如小肠明显。在肠上皮及腺上皮细胞间夹杂有大量杯状细胞。

(2) 单管状肠腺在切片上可被纵切成管状，或横切、斜切成椭圆形。肠腺的嗜银细胞在此标本上不能显示。

（五）阑尾（人阑尾切片）

1. **肉眼观察** 管腔小，不规则，管壁薄。腔面紫红色层是黏膜及近黏膜的黏膜下层，外面环绕的粉红色部分为黏膜下层、肌层、浆膜。

2. **低倍镜观察** 分清层次，掌握结构特点。阑尾的黏膜结构类似结肠，不形成绒毛，上皮多已脱落，管腔内含有脱落的细胞及残渣。固有层内肠腺很少，淋巴细胞和淋巴小结则很发达，它们穿过黏膜肌层侵入黏膜下层，以致黏膜肌层很不完整（彩图13-4）。黏膜下层含大量淋巴组织及脂肪细胞。肌层的内环层较厚，外纵层较薄，没有结肠带。外膜为浆膜。

3. **高倍镜观察** 黏膜上皮及肠腺中的杯状细胞较少，黏膜肌层由于固有层及黏膜下层的淋巴组织较为发达以致断断续续很不完整。淋巴小结的生发中心及其暗区、明区及帽部都很明显。

三、示教

（一）小肠中央乳糜管

1. **材料与方法** 用生猪油喂豚鼠，然后取其小肠，AOB液（3%重铬酸钾8 ml，2%锇酸2 ml，冰醋酸1滴）固定，石蜡切片。

2. **高倍镜观察** 染色原理为锇酸将脂滴染成黑色。喂豚鼠油脂后，经肠道中的胰脂肪酶水解油脂，水解后的产物被小肠吸收细胞吸收，并在终末网下面的细胞质中重新合成脂肪，而后经过固有层输入中央乳糜管。故借染脂肪而将中央乳糜管和吸收细胞游离面的纹状缘（电镜下为微绒毛）及细胞质内的脂滴显示出来。

(1) 小肠上皮吸收细胞游离面的细胞质内有许多大小不等脂滴。

(2) 可在小肠绒毛中轴的结缔组织内观察到中央乳糜管,乳糜管被纵切,管壁结构无显示。管腔内充满了被染成黑色的脂肪滴。

(二) 肠嗜银细胞

1. 材料与方法　人小肠,甲醛液固定,石蜡切片,Fontana 法银液浸染。

2. 低倍镜观察　上皮细胞间或上皮细胞与基膜之间有散在的内分泌细胞,圆形或三角形,细胞基部有大小不等的嗜银颗粒,染成棕褐色。

3. 高倍镜观察　细胞呈柱状或锥体形,胞质中见许多粗大深棕褐色的嗜银颗粒,多位于细胞基底部,细胞核圆形,着浅棕黄色,嗜银颗粒很多致使细胞核的轮廓不清。

四、要点复习

1. 消化管壁的一般组织结构　消化管各段的管壁自内向外一般分为黏膜、黏膜下层、肌层和外膜四层。黏膜由上皮、固有层和黏膜肌层组成。消化管的两端为复层扁平上皮,其余均为单层柱状上皮。

2. 食管的组织结构特点　食管壁腔面有纵行皱襞,黏膜表面为未完全角化的复层扁平上皮。固有层为细密的结缔组织,在食管两端的固有层内可见黏液性腺。黏膜肌层主要由纵行平滑肌束组成。黏膜下层含有黏液性的食管腺。肌层分内环、外纵两层。食管的上 1/3 段为骨骼肌,下 1/3 段为平滑肌,中段则两者兼有。

3. 胃壁的组织结构及相关功能　胃黏膜有许多纵行皱襞。黏膜表面有许多浅沟,将黏膜分成许多胃小区。黏膜表面的上皮下陷,形成胃小凹,每个小凹的底部有胃腺开口。上皮为单层柱状。胃底腺由壁细胞、主细胞、颈黏液细胞、干细胞和内分泌细胞组成。主细胞又称胃酶细胞,数量较多,分布于腺体部及底部。

4. 小肠的组织结构　小肠分十二指肠、空肠和回肠。小肠腔面可见许多环行皱襞,它是黏膜和黏膜下层共同向肠腔突出形成。黏膜表面有许多细小的突起,称肠绒毛,它是由上皮和固有层向肠腔突出而成。绒毛的表面为单层柱状上皮,中轴为固有层结缔组织。

5. 消化管的淋巴组织　消化管的淋巴组织又称肠相关淋巴组织,包括孤立淋巴小结、集合淋巴小结、弥散淋巴组织以及分布于上皮细胞之间的淋巴细胞、浆细胞、巨噬细胞等。

6. 胃肠的内分泌细胞　胃肠的内分泌细胞散在于胃、肠及腺体内的上皮细胞之间,种类繁多,数量巨大。它们分泌的多种激素统称为胃肠激素。它不但调节胃肠自身的运动和分泌活动,也参与调节其他器官的活动。

五、思考题

(1) 试述消化管的一般结构。

(2) 比较绒毛和皱襞的结构异同点。

(3) 试比较胃黏膜和小肠黏膜的异同及其与功能的关系。

(4) 胃的自我保护机制有哪些?

(5) 试比较小肠黏膜和结肠黏膜的异同及其与功能的关系。

(6) 试述与小肠吸收和分泌有关的结构基础(皱襞、绒毛与微绒毛)。

(7) 介绍5种消化管上皮中的内分泌细胞及其功能。

(8) 进餐后会引起从食管到结肠的哪些腺细胞的内、外分泌活动?

(9) 随饮食进入胃肠的病菌一般会有什么后果?

(10) 掌握下列名词概念：皱襞、黏液-碳酸氢盐屏障、壁细胞、帕内特细胞、微皱褶细胞、胃小凹、胃底腺。

（王建伟）

实训十三微课视频

胃

实训十四

消化腺

学习要点

掌握：① 肝小叶的结构特征和门管区的组成。② 胰腺外分泌部和内分泌部（胰岛）的结构特征。

了解：① 辨认腮腺纯浆液性腺泡、闰管和分泌管的结构。② 辨认舌下腺、颌下腺中纯黏液性腺泡和混合性腺泡的结构特征。③ 描述胆小管的分布位置及结构组成。

一、实训内容

(1) 消化腺切片观察：见表14-1。

表14-1 消化腺切片观察

	器官来源	染色方法
重点内容		
猪肝	猪肝	HE染色
人肝	人肝	HE染色
胰腺	猴胰腺	HE染色
参考内容		
下颌下腺	人下颌下腺	HE染色
舌下腺	人舌下腺	HE染色
腮腺	人腮腺	HE染色

(2) 示教内容。

二、组织切片观察方法

（一）肝

1. 猪肝切片

(1) 肉眼观察：切片染成紫红色，可见多边形的肝小叶，分叶清晰。

(2) 低倍镜观察：肝被膜较厚，有间皮覆盖，肝实质被结缔组织分隔成许多边界清晰的肝小叶(hepatic lobule),中央的管腔为中央静脉。多个小叶之间的地带为肝门管区(汇管区)。

肝小叶中央为中央静脉,为圆形小腔,管壁很薄(不规则),衬以内皮,周围几乎看不到结缔组织,中央静脉与周围的血窦相通。肝细胞索以中央静脉为中心向四周呈放射状排列,肝细胞索之间的间隙为肝血窦。

1) 肝血窦:位于肝细胞索之间,窦壁由内皮细胞构成。内皮细胞核扁圆形、着色较深,胞质非常薄,不易识别。肝血窦内有肝巨噬细胞,又称库普弗细胞,胞质着色浅,核圆形。

2) 门管区:在相邻肝小叶之间结缔组织较多处,含有小叶间动脉、小叶间静脉和小叶间胆管的断面。

有时可以见到小叶下静脉,单独存在,管腔大,内衬内皮,血管的周围有一层结缔组织。

(3) 高倍镜观察

1) 肝板或肝索:肝细胞呈单行排列,形成条状或索状结构成为肝索(想想肝板和肝索之间的区别,提示从空间和平面的角度去考虑。)。其中的肝细胞较大,多边形,核居细胞中央,圆形,着色浅,有时可见到双核,核仁较为明显;胞质丰富,嗜酸性(彩图 14-1A)。肝细胞之间的胆小管结构本片不易观察。

2) 肝血窦:位于肝细胞索之间,腔不规则,与中央静脉相通,窦壁衬以扁平的内皮细胞,内皮细胞核呈扁圆形,突入血窦腔内。在血窦腔内有许多体积较大、形状不规则的、具有突起的细胞,为肝巨噬细胞(即库普弗细胞)(请思考,此外还有什么细胞?)。

3) 门管区:在邻近几个肝小叶之间的结缔组织内,常见下列三种伴行的管道(彩图 14-1B)。

A. 小叶间动脉:管腔小,管壁厚,内衬内皮,外可见有环行平滑肌。

B. 小叶间静脉:管腔大,管壁薄,内衬内皮,内皮外主要是结缔组织,有时可见与血窦相连续。

C. 小叶间胆管:管径较小,管壁由单层立方上皮构成,细胞呈立方形,胞质少,细胞核呈圆形,着色较深。在横切面上可见圆形细胞核围成一个染色较深的圈。

2. 人肝切片 全面观察切片:先将肝小叶的轮廓看清。人肝切片,肝小叶之间结缔组织甚少,肝小叶界限不清楚。识别的方法是先辨认门管区,再识别中央静脉,最后以中央静脉为中心,将几个门管区用线连起来,就勾勒出一个肝小叶的范围。肝小叶的结构与猪肝类似,重点观察肝小叶的结构。

(二) 胰腺(猴胰腺切片)

1. 肉眼观察 可见胰腺被分隔分成许多大小不等的小叶,界限较为清晰。

2. 低倍镜观察 被膜与小叶间隔,被膜的疏松结缔组织很薄,结缔组织伸入胰腺实质,将其分隔成许多小叶。结缔组织内有血管、神经和小叶间导管等。小叶内有外分泌部和内分泌部(彩图 14-2)。

小叶:大部分是由浆液性腺泡(外分泌部)组成,染色较深红。在腺泡之间可见有染色较浅,大小不等的细胞团,即胰岛(内分泌部)。

3. 高倍镜观察

(1) 外分泌部:腺泡为纯浆液性腺泡。腺泡细胞呈锥体形;细胞核圆形,着紫蓝色,位于基底部;细胞质基部呈强嗜碱性,着色较深,细胞顶端胞质含酶原颗粒,呈嗜酸性,着色较红。

在腺泡腔中央常见有泡心细胞,其细胞核呈扁圆形,位置贴附在腔面,胞质着色很浅。

(2) 闰管:管径甚小,由单层扁平上皮或单层立方上皮围成,周围有薄层结缔组织,有时可见闰管与泡心细胞相连续。由于闰管较长,故切片内闰管的纵、横断面较多。

(3) 小叶内导管:位于小叶内,管腔稍大,为单层立方上皮,周围结缔组织较多。

(4) 小叶间导管:位于小叶之间,管腔较大,上皮变为矮柱状细胞,周围结缔组织更多。

(5) 内分泌部:胰岛(pancreas islet)为散在分布于外分泌部腺泡之间的染色较浅、大小不等、形状不定的细胞团,周围被覆少量结缔组织。胰岛细胞较小,呈圆形、椭圆形或多边形,相互连接成索状或团状。在 HE 染色切片标本中,胰岛各种细胞的胞质一般均呈粉红色,不易区分。细胞团、索之间有毛细血管(彩图 14-2)。

(三) 下颌下腺(人下颌下腺切片)

1. **肉眼观察** 标本呈蓝紫色,可见腺体被分隔成许多小叶。
2. **低倍镜观察** 为混合性腺泡,浅红色的结缔组织分隔腺实质为许多小叶。在小叶内有分泌管,较长(多),管径较大,细胞为柱状,胞质着色鲜红;闰管短(少)。小叶间组织内有小叶间导管,管径较大,并有血管等。

(1) 浆液性腺泡:大多数腺泡为浆液性腺泡,腺泡腔不明显。腺上皮细胞呈锥体形,胞质嗜碱性,染紫红色,细胞核卵圆形或扁圆形,位于基部。

(2) 黏液性腺泡:少数腺泡为黏液性腺泡,腺泡腔较浆液性腺泡腔大,腺细胞呈立方形或三角形,胞质着色较淡,呈空泡状,核扁平,位于基部。

(3) 混合性腺泡:可见在黏液性腺泡的另一侧,贴附着浆液性腺细胞,通常呈新月形,称为浆半月。

3. **高倍镜观察** 区分不同腺泡的结构(彩图 14-3)。

(四) 舌下腺(人舌下腺切片)

1. **肉眼观察** 标本呈蓝紫色,可见腺体被分隔成许多小叶。
2. **低倍镜观察** 镜下可见腺体表面被覆薄层疏松结缔组织,结缔组织伸入腺实质,将腺实质分隔成许多大小不等的小叶。小叶内充满圆形或不规则形腺泡的断面,染色深浅不一,可见大量黏液性腺泡和少量浆液性腺泡。在小叶内腺泡之间,可见少量管腔大,染成红色的导管,而小叶间的结缔组织内的导管管腔更大。仔细观察腺泡可分为以下 3 种。

(1) 浆液性腺泡:数量少,由浆液性腺细胞组成,染色深。

(2) 黏液性腺泡:数量较少,由黏液性腺细胞组成,染色浅。

(3) 混合性腺泡:数量多,由浆液性和黏液性两种腺细胞混合组成。

3. **高倍镜观察** 区分不同腺泡的结构。

(1) 浆液性腺泡:腺泡多呈圆形,由锥体状的浆液性腺细胞围绕组成。核圆形,近基底部。胞质染色较深,呈嗜碱性。

(2) 黏液性腺泡:由黏液性细胞组成,细胞为锥体形或柱状。胞质着色浅淡,呈空泡状,细胞核扁平染色深,位于细胞底部。

(3) 混合性腺泡:由浆液和黏液性两种腺细胞混合组成。黏液性腺细胞多居内侧;浆液性腺细胞多集中在腺泡一端,呈半月形包绕在外侧。

(4) 导管：又称分泌管。分泌管的上皮类型因分泌管的大小或长短而异，由立方形过渡至柱状形。

(五) 腮腺（人腮腺切片）

1. 肉眼观察　标本呈紫红色，可见腺体被分隔成许多小叶。

2. 低倍镜观察　腮腺实质被结缔组织伸入，分隔成许多小叶，小叶内可见染色深的腺泡和各级导管，在小叶间的结缔组织可见较大的导管、血管等。

3. 高倍镜观察

(1) 腺泡：全部为浆液性腺泡，呈圆形或椭圆形，由锥体形或柱状的浆液性细胞围成，中央为腺泡腔；浆液性细胞核呈圆形，位于细胞基部；顶部胞质常含有嗜酸性的红色颗粒，即酶原颗粒；细胞基部含有呈纵纹状排列的嗜碱性物质。此外，在腺泡上皮与基膜之间有肌上皮细胞，其细胞核细长而深染，不易见到。

(2) 导管：闰管较长，镜下易见，分泌管较少，在结缔组织中，常有成群的脂肪细胞。

三、示教

(一) 胆小管

1. 材料与方法　肝切片，硝酸银浸染。

2. 镜下观察　肝细胞呈浅黄色。胆小管分布于肝细胞之间，管腔细窄，染成黑色或棕褐色，彼此相连成网。胆小管是由相邻肝细胞膜凹陷形成的微细管道，管壁即为肝细胞的细胞膜。切片上可见它是以中央静脉为中心，向周围呈放射状排列。

(二) 肝糖原

1. 材料与方法　取小块猪肝，Carnoy 液固定，石蜡切片，PAS 反应。

2. 低倍镜观察　红色的颗粒即为肝糖原，位于肝细胞的胞质中。PAS 反应为阴性。肝糖原在肝小叶内的分布特点为：中央带肝细胞的糖原含量较少，周缘带肝细胞的糖原含量较多。

3. 高倍镜观察　肝细胞内紫红色的糖原颗粒大小不等、形状不一，有的聚积成块。细胞内的糖原含量各不相等。

四、要点复习

1. 唾液腺一般组织结构　唾液腺为复管泡状腺，包括腮腺、颌下腺、舌下腺三对腺体。被膜结缔组织较薄，将腺实质分为许多小叶。腺体由分泌部和导管部组成。其分泌部称腺泡，由单层立方或锥形腺细胞组成，腺细胞与基膜之间有肌上皮细胞。导管是反复分支的上皮性管道。闰管与腺泡相连，较短，管径细，管壁为单层立方或扁平上皮。纹状管或称分泌管与闰管相延续，管径粗，管壁为单层高柱状上皮，核圆位于细胞顶部，胞质嗜酸性，细胞基部可见基底纵纹。纹状管汇合形成小叶间导管，其管壁多为单层立方上皮。小叶间导管汇合为总导管，其管径粗，多为假复层柱状上皮。近口腔处变为复层扁平上皮。

2. 三对大唾液腺的特点　腮腺为纯浆液性腺，其闰管较长。分泌物含唾液淀粉酶多；颌下腺为混合腺，浆液性腺泡多，闰管短，纹状管长；舌下腺为混合腺，以黏液性腺泡为主，无闰管，纹状管短。

3. **胰腺的组织结构及功能** 胰腺表面覆以薄层结缔组织被膜,结缔组织伸入腺实质内,将腺实质分隔为许多小叶。腺实质由外分泌部和内分泌部两部分组成。

外分泌部为浆液性复管泡状腺。腺细胞呈锥体形,基底面有基膜,无肌上皮细胞,细胞核圆形,位于基底部,基部胞质嗜碱性,顶部胞质充满酶原颗粒。腺泡腔内有一些扁平或立方细胞,称泡心细胞。胰腺分泌物中含有胰蛋白酶、胰糜蛋白酶、多肽酶、胰淀粉酶等。胰腺的闰管较长,逐渐汇合成小叶间导管。小叶间导管较粗,管壁为单层立方或低柱状上皮。总导管上皮为单层高柱状,杯状细胞较多。

内分泌部是散在于外分泌部之间的细胞团,称胰岛。胰岛大小不一,用特殊染色法可分别显示其不同的组成细胞。

4. **肝小叶的光镜结构** 肝表面覆以富有弹性纤维的致密结缔组织被膜。肝门处的结缔组织伸入肝实质,分隔成许多肝小叶。

肝小叶是肝的基本结构单位,呈多角棱柱体,长约 2 mm,宽约 1 mm。人肝的小叶间结缔组织很少,故分界不清。肝小叶的中央有一条沿其长轴走行的中央静脉。肝细胞以中央静脉为中心单行排列成板状,称为肝板。肝板不规则,大致呈放射状,相邻肝板吻合连接成网,称肝板网。肝板之间是肝血窦,血窦经肝板上的孔洞互相通连,形成网状管道称肝血窦网。在切片中,肝板呈索状,称肝索。肝细胞相邻面的质膜局部凹陷,形成微细的小管,称胆小管,胆小管在肝板内也互相连接成网,称胆小管网。肝细胞体积较大,呈多面体形,核大而圆,位于中央,部分肝细胞有双核,肝细胞胞质丰富,多呈嗜酸性。

五、思考题

(1) 试述肝小叶的光电镜结构。
(2) 试述肝细胞的结构特点与功能的关系。
(3) 试述肝血窦和窦周隙的结构和功能意义。
(4) 试述胰腺外分泌部的结构和功能。
(5) 列表比较三种大唾液腺的结构异同。
(6) 试述肝脏血液循环的途径及其功能之间的联系。
(7) 掌握下列名词概念:胰岛、肝血窦、贮脂细胞、门管区、窦周隙、胆小管、肝细胞、肝巨噬细胞、闰管、泡心细胞。

(彭 彦)

实训十四微课视频

肝血窦和窦周隙

实训十五

呼吸系统

学习要点

掌握：① 气管壁的光镜结构。② 肺的光镜结构和肺泡的超微结构。

了解：① 鼻黏膜的光镜结构。② 喉的光镜结构。

一、实训内容

（1）呼吸系统组织切片观察：见表 15-1。

表 15-1 呼吸系统组织切片观察

	器官来源	染色方法
重点内容		
气管	猫气管	HE 染色
肺	猴肺	HE 染色
参考内容		
鼻黏膜	狗上鼻甲	AB/VG 染色
喉	喉	HE 染色

（2）示教内容。

二、组织切片观察方法

(一) 气管（猫气管切片）

1. **肉眼观察** 标本为一管状结构。管腔的内表面染为粉红色，为黏膜层，其外是染色较浅的黏膜下层，最外的外膜中有"C"形的透明软骨环。

2. **低倍镜观察** 先环绕气管观察，然后由腔内向外区分气管壁的三层结构：黏膜、黏膜下层和外膜，三层之间没有明显的分界。

3. **高倍镜观察**

（1）黏膜：位于气管壁最内层，由上皮和固有层构成。上皮是假复层纤毛柱状上皮，纤毛细胞之间有少量杯状细胞。纤毛细胞（ciliated cell）呈柱状，细胞游离面可见纤毛。上皮下基膜较明显，呈粉红色带状结构。上皮深面为固有层，其疏松结缔组织中含有丰富的血管、神经、气管腺的导管、淋巴组织及纵行弹性纤维（横切片上弹性纤维呈红色点状）（彩图15-1）。

（2）黏膜下层：位于黏膜下方，由疏松结缔组织构成，与固有层无明显界限，其中含有混合性的气管腺及腺导管，可作为黏膜下层的标志。

（3）外膜：由结缔组织和透明软骨构成。最明显的结构是"C"形的透明软骨环，其表面是致密结缔组织构成的软骨膜。软骨环缺口处为膜部，由结缔组织和环行平滑肌构成，其中含有较多的气管腺。

（二）肺（猴肺切片）

1. 肉眼观察 切片呈蜂窝状结构，其中有少量管腔大、壁较厚的管状结构，为血管或小支气管的断面。

2. 低倍镜及高倍镜观察 标本的一侧或两侧的边缘有一层浆膜，由薄层结缔组织和间皮构成。肺内许多不规则的空隙即肺泡腔，壁厚而腔隙较大的是肺内各级支气管或血管。肺实质可分为导气部和呼吸部（彩图15-2）。

（1）导气部：包括肺内支气管、细支气管和终末细支气管。

1）肺内支气管：由黏膜、黏膜下层、外膜构成。① 黏膜：上皮为假复层纤毛柱状上皮；固有层薄，为疏松结缔组织，与黏膜下层之间有断续的环形平滑肌束。② 黏膜下层：为疏松结缔组织，内含少量腺体。③ 外膜：主要由结缔组织和一些大小不等的软骨片组成。

2）细支气管：细支气管（bronchiole）管壁较薄，分层不明显，黏膜常形成皱襞突入管腔。上皮由假复层纤毛柱状逐渐变为单层纤毛柱状；环形平滑肌束相对增多；杯状细胞、混合腺及软骨片均减少或消失。

3）终末细支气管：终末细支气管（terminal bronchiole）管径更小，管壁更薄。管壁由单层纤毛柱状上皮、结缔组织和一层完整的环形平滑肌组成，没有杯状细胞、混合腺和软骨片。

（2）呼吸部：包括呼吸性细支气管、肺泡管、肺泡囊和肺泡。

1）呼吸性细支气管：呼吸性细支气管（respiratory bronchiole）由于管壁上出现少量肺泡开口，故管壁不完整。上皮为单层柱状或单层立方上皮，其深面有少量的结缔组织与平滑肌束。

2）肺泡管：肺泡管（alveolar duct）是呼吸性细支气管的分支，其壁上的肺泡开口增多，以至其自身的管壁结构很少，只存在于相邻肺泡开口之间，此处呈结节状膨大，表面为单层立方或扁平上皮，上皮下有少量平滑肌细胞。

3）肺泡囊：肺泡囊（alveolar sac）是几个肺泡共同开口的空间，相邻肺泡开口之间没有结节状膨大（彩图15-2）。

4）肺泡：肺泡（pulmonary alveolus）为大小不等、形状不规则的空泡状结构。肺泡壁很薄，覆盖有肺泡上皮和基膜。肺泡上皮由Ⅰ型肺泡细胞（type Ⅰ alveolar cell）和Ⅱ型肺泡细胞（type Ⅱ alveolar cell）组成。Ⅰ型肺泡细胞为单层扁平细胞，光镜下不易分辨。Ⅱ型肺泡细胞分布在Ⅰ型肺泡细胞之间，呈圆形或立方形，核卵圆形，胞质染色浅。

（3）肺泡隔：肺泡隔（alveolar septum）是相邻肺泡间的少量结缔组织，富含毛细血管、弹性纤维、肺巨噬细胞和淋巴细胞。肺巨噬细胞（pulmonary macrophage）位于肺泡隔或肺泡腔内，细胞大，核小，胞质嗜酸性。吞噬有黑色尘粒的肺巨噬细胞，则称为尘细胞（dust cell）。

(4) 肺内血管：包括肺动脉分支、肺静脉属支和支气管动脉分支。

1) 肺动脉分支：与肺内支气管相伴随。

2) 肺静脉属支：在结缔组织隔内单独走行。

3) 支气管动脉分支：在支气管壁内寻找。

(三) 鼻黏膜（狗上鼻甲切片）

低倍镜及高倍镜观察　分为上皮和固有层两层结构。上皮为假复层柱状上皮，由支持细胞、嗅细胞、基细胞构成。① 支持细胞：呈高柱状，顶部较宽，基部较窄；核圆，多位于上皮浅层；胞质内可见有棕黄色颗粒。② 嗅细胞（olfactory cell）：位于支持细胞之间；呈梭形，着色浅；细胞核圆形，多位于上皮中层；细胞顶部有少量嗅毛。③ 基细胞：呈锥体形；核圆，染色深，位于上皮基部，靠近基膜排成一层。固有层的薄层结缔组织内可见浆液性的嗅腺，有的嗅腺的导管开口于上皮的表面（彩图 15-3）。

(四) 喉（喉切片）

1. **肉眼观察**　标本一面比较平整，为喉的外膜。另一面凹凸不平，为喉黏膜面，在喉黏膜面有一明显的小凹陷，是喉室。喉室上、下各有一突起，分别为室皱襞和声皱襞。

2. **低倍镜及高倍镜观察**　室皱襞表面为假复层纤毛柱状上皮，固有层和黏膜下层内含有丰富的混合腺及淋巴组织，外膜的结缔组织中有透明软骨。声皱襞表面为复层扁平上皮，固有层内含有大量的弹性纤维束（彩图 15-4）。

三、示教

肺弹性纤维

1. 低倍镜及高倍镜观察　显示肺泡隔内的弹性纤维，呈棕黑色。

2. 肺泡上皮电镜照片

(1) Ⅱ型肺泡细胞：细胞游离面有少量微绒毛，胞质内有嗜锇性板层小体（电子密度较高）。

(2) 气-血屏障（blood-air barrier）：肺泡腔、肺泡表面液体层、Ⅰ型肺泡细胞与基膜、薄层结缔组织、毛细血管基膜与内皮、毛细血管腔。

四、要点复习

1. **气管的结构特点**　气管分黏膜、黏膜下层和外膜三层。

(1) 黏膜：分上皮和固有层。上皮为假复层纤毛柱状上皮，由五种细胞组成。① 纤毛细胞：呈柱状，游离面有纤毛，核卵圆形，位于细胞中部。② 杯状细胞：甚多，其结构与肠道上皮的杯状细胞相似，顶部胞质内含大量黏原颗粒。③ 基细胞：呈锥形，位于上皮深部，是一种未分化的细胞。④ 刷细胞：呈柱状，游离面有许多排列整齐的微绒毛，形如刷状。⑤ 神经内分泌细胞：呈锥体形，散在于上皮深部，胞质内有许多致密核心颗粒。固有层为结缔组织。

(2) 黏膜下层：有较多的混合腺。

(3) 外膜：主要含"C"形透明软骨环。

2. 肺的结构特点　包括导气部、呼吸部各段的结构特点，并进行比较。肺内从叶支气管至终末细支气管为肺内的导气部。终末细支气管以下的分支为肺的呼吸部，包括呼吸细支气管、肺泡管、肺泡囊和肺泡。

(1) 导气部：管径渐细，管壁渐薄。管壁结构的主要变化是：上皮由假复层纤毛柱状逐渐变为单层柱状；杯状细胞、腺体、软骨片逐渐减少至消失；平滑肌相对增多，渐成环形肌束环绕管壁。

(2) 呼吸部：包括呼吸性细支气管、肺泡管、肺泡囊和肺泡。

1) 呼吸性细支气管：上皮为单层立方，也有纤毛细胞和分泌细胞；上皮下结缔组织内有少量环行平滑肌。管壁上有肺泡相接，在肺泡开口处，单层立方上皮移行为肺泡的单层扁平上皮。

2) 肺泡管：有许多肺泡开口，自身的管壁结构很少，仅存在于相邻肺泡开口之间，表面为单层立方或扁平上皮，上皮下为薄层结缔组织和少量平滑肌，肌纤维环行围绕于肺泡开口处，故在切片中可见相邻肺泡之间的隔（肺泡隔）末端呈结节状膨大。

3) 肺泡囊：为多个肺泡共同开口所围成的囊腔，在肺泡开口处无环行平滑肌，故在切片中的肺泡隔末端无结节状膨大。

4) 肺泡：是支气管树的终末部分，构成肺的主要结构。肺泡为半球形小囊，开口于呼吸细支气管、肺泡管或肺泡囊。肺泡壁很薄，表面覆以单层肺泡上皮，有基膜。相邻肺泡紧密相贴，仅隔以薄层结缔组织，称肺泡隔。

3. 肺泡上皮细胞的结构特点　Ⅰ型肺泡细胞：细胞扁平，表面较光滑，含核部分略厚，其他部分很薄，厚约 0.2 μm，光镜下难辨认，电镜下清晰。Ⅰ型细胞数量较Ⅱ型细胞少，但宽大而扁薄，覆盖肺泡约 95% 表面积，参与构成气-血屏障。相邻Ⅰ型细胞之间或Ⅰ型与Ⅱ型细胞之间有紧密连接。胞质内细胞器甚少，但吞饮小泡甚多。

Ⅱ型肺泡细胞：散在嵌于Ⅰ型细胞之间，细胞数量较Ⅰ型细胞多，但仅覆盖肺泡约 5% 表面积。光镜观察，细胞较小，圆形或立方形，细胞略凸向肺泡腔，核圆形，胞质着色浅，呈泡沫状。电镜下可见，细胞表面有短小微绒毛，胞质内除富含线粒体、粗面内质网、高尔基体和溶酶体外，还有许多分泌颗粒。颗粒大小不一，电子密度高，内含同心圆或平行排列的板层结构，故称板层小体。

4. 掌握下列名词概念

(1) 肺小叶：每个细支气管连同它的分支至肺泡，组成一个肺小叶（pulmonary lobute）。肺小叶呈锥体形，尖向肺门，底向肺表面，小叶间为结缔组织间隔。

(2) 尘细胞：吸入空气中的尘粒、细菌等异物进入肺泡和肺间质，多被肺巨噬细胞吞噬清除，故细胞胞质内常见尘粒、次级溶酶体及吞噬体等。胞质内含大量尘粒的肺巨噬细胞又称尘细胞。

(3) 气-血屏障：是肺泡内气体与血液内气体分子交换所通过的结构。包括肺泡表面液体层、Ⅰ型肺泡细胞与基膜、薄层结缔组织、毛细血管基膜与内皮。有的部位的肺泡上皮与血管内皮之间无结缔组织，两层基膜直接相贴而融合。气-血屏障很薄，总厚度约 0.5 μm，有利于气体迅速交换。

五、思考题

(1) 肺内导气部、呼吸部各包括哪些结构？试述导气部管壁结构变化的规律。
(2) 试述肺泡上皮的组成和功能。
(3) 肺泡隔内有几种重要成分？它们与功能的关系如何？
(4) 什么是肺小叶？试述细支气管的结构特点。
(5) 试述气管壁的分层结构及其与功能的关系。
(6) 与净化空气有关的细胞和结构有哪些？

（文晓红）

实训十五微课视频

气管切片

实训十六

泌尿系统

学习要点

掌握： ① 肾单位的结构及其血循环。② 肾小体的结构特点。③ 肾小管的结构特点。④ 球旁复合体的结构组成。

了解： ① 肾的结构。② 输尿管和膀胱壁的结构。

一、实训内容

（1）泌尿系统组织切片观察：见表 16-1。

表 16-1 泌尿系统组织切片观察

	器官来源	染色方法
重点内容		
肾	人肾	HE 染色
参考内容		
膀胱	人膀胱	HE 染色
输尿管	人输尿管	HE 染色

（2）示教内容。

二、组织切片观察方法

（一）肾（人肾纵切片）

1. **肉眼观察** 切片的染色深浅不同，染色较深的边缘部为皮质，其深部染色较浅者为肾锥体。有的标本可见在肾锥体旁有染色深的肾柱，为伸入锥体之间的皮质部分。

2. **低倍镜观察** 肾表面有致密结缔组织构成的纤维膜，肾实质分为皮质和髓质，可见大量肾小体和管道的断面。

（1）皮质：在被膜以下，居浅层，色深，分为皮质迷路和髓放线。

1）皮质迷路：分布有圆球状的肾小体，其周围为呈圆形、弧形等形状的肾小管断面，主要包括近端小管曲部、远端小管曲部和弓形集合管。

2) 髓放线：由一些近乎平行的小管切面组成，位于皮质迷路之间。其本质是呈放射状深入皮质的髓质结构，包括肾近端小管直部、远端小管直部、细段和集合小管。每条髓放线和相应的皮质迷路为一个肾小叶。

(2) 髓质　居深层，色浅，无肾小体。主要由近直小管、细段、远直小管，直集合小管和乳头管等结构组成。

3. **高倍镜观察**

(1) 皮质迷路

1) 肾小体：由血管球和肾小囊组成。血管球是一团盘曲的毛细血管，其两端在血管极处分别与入球微动脉或出球微动脉相续。在血管球的毛细血管之间，还存在着球内系膜细胞，其细胞核小，染色深。肾小囊是具有双层壁的杯形上皮囊，分为脏层和壁层。脏层上皮由高度特化的足细胞构成。足细胞胞体较大，附着于血管球外侧。而壁层上皮呈单层扁平状，在尿极处与近曲小管上皮相续。脏、壁两层之间的腔隙是肾小囊腔（彩图16-1）。

2) 近曲小管：分布于肾小体附近。管壁由单层立方或锥体形上皮构成，细胞游离面有刷状缘，管腔小而不规则；胞质强嗜酸性，细胞分界不清；核圆形或椭圆形，靠近细胞基底；细胞基底部可见纵纹（彩图16-1）。

3) 远曲小管：分布于肾小体附近。管壁由单层立方上皮构成，无刷状缘，管腔相对较大；核圆形，位于细胞中央或近腔面，基底部纵纹很明显。在靠近血管极处的一侧，远曲小管上皮细胞变高变窄，呈单层紧密排列的椭圆形斑块，称为致密斑（彩图16-1）。

(2) 髓放线：皮质迷路之间可见近直小管、远直小管、细段、直集合小管等直行管道组成的髓放线，各段小管的特点见下描述。

(3) 髓质：近直小管、细段、远直小管参与构成肾单位。

1) 近直小管：结构与近曲小管相似。但上皮略矮，微绒毛及质膜内褶不如曲部发达。

2) 细段：管径最小，管壁为单层扁平上皮，核卵圆形、突入管腔，使管腔呈波浪状，注意和毛细血管区别。

3) 远直小管：由单层立方上皮构成，与远曲小管结构相似，但质膜内褶更加丰富，基底纵纹明显。

4) 集合小管：管径和管腔较大，管壁上皮由单层立方逐渐增高为单层柱状，细胞界限清楚，胞质着色浅，较淡，核圆且排列整齐。

5) 乳头管：位于肾锥体的乳头内，管径粗，管腔大。管壁由单层的高柱状细胞构成。上皮细胞分界清楚，胞质染色浅淡、清明，核圆形或椭圆形，排列整齐。

(4) 肾间质：泌尿小管之间的结缔组织称肾间质，皮质内间质较少，髓质内增多。间质细胞有多种，主要为成纤维细胞、巨噬细胞和载脂间质细胞。其中，载脂间质细胞呈不规则形或星形，胞质内含有嗜锇性脂滴，参与合成间质内基质和前列腺素等。

(二) 膀胱（人膀胱切片）

1. **肉眼观察**　切片一侧染蓝色线状物为黏膜。向外依次为染红色的肌层和浅染的外膜。

2. **低倍镜及高倍镜观察**　膀胱壁由内向外分为黏膜、肌层、外膜。

(1) 黏膜：由变移上皮和固有层组成。变移上皮较厚。表层是位于上皮最表面的特殊细胞,又称盖细胞(彩图 16-2)。

(2) 肌层：由平滑肌组成,分为内纵、中环、外纵三层,肌纤维方向不清楚,不易分辨出三层,只有外纵平滑肌比较清楚。

(3) 外膜：大部分为纤维膜,由疏松结缔组织组成。仅膀胱顶部为浆膜。

(三) 输尿管(人输尿管切片)

1. 肉眼观察　管径较小,管壁较薄、管腔不规则,呈花瓣状。
2. 低倍镜及高倍镜观察　管壁由内向外可分为黏膜、肌层、外膜。

(1) 黏膜：上皮为变移上皮,固有层为结缔组织,它们突向管腔形成黏膜皱襞(彩图16-3)。

(2) 肌层：主要由内纵、外环两层平滑肌组成,在下 1/3 段,肌层增厚为内纵、中环、外纵三层。

(3) 外膜：为疏松结缔组织,与周围结缔组织互相移行,无明显的界线。

三、示教

(一) 肾血管注射

1. 材料与方法　动物肾,经肾动脉向肾内灌注蓝色的普鲁士蓝染料或墨汁,然后取下肾做成厚切片。
2. 低倍镜观察　可见肾的血管腔内均充以墨汁,据此可了解肾的血管分布。血管球为一团丝球状的毛细血管,与入球微动脉和出球微动脉相连。

(二) 球旁细胞

1. 材料与方法　小白鼠肾脏,Helly 液固定,以 Bowie 法染色。
2. 高倍镜观察　入球微动脉在靠近血管球处,其中膜平滑肌细胞特化成上皮样细胞,即球旁细胞。该细胞胞核呈圆形或椭圆形。胞质较多,内含大量蓝紫色颗粒(颗粒内含什么物质,起什么作用?)。

四、要点复习

1. 肾单位的结构组成　肾单位(nephron)包括肾小体和肾小管两部分。
2. 肾小体的结构　肾小体主要由血管球和肾小囊构成。血管球为动脉性毛细血管网,入球微动脉粗,出球微动脉细。毛细血管为有孔型,多无隔膜,基膜较厚。肾小囊是肾小管起始部膨大凹陷而成的杯状双层上皮囊,壁层为单层扁平上皮,脏层为足细胞。足细胞胞体较大,有初级突起、次级突起,次级突起间有裂孔,孔上覆盖一层薄膜,称为裂孔膜。
3. 肾小管的结构　又可分为近端小管、细段和远端小管三段。

近端小管分曲部和直部。光镜下,近端小管管腔小且不规则,管壁由单层立方或锥体形细胞围成。细胞体积大,分界不清,核圆形,靠近细胞基部,细胞质嗜酸性,其游离面有刷状缘,基部有纵纹。电镜下,细胞游离面有密集排列的微绒毛,侧面有许多指状侧突,相邻细胞的侧突相互交叉,基底部有质膜内褶。

远端小管也分曲部和直部,光镜下,管壁上皮为立方细胞,管腔较大,细胞质着色浅,核圆,位于细胞中央或靠近腔面;细胞游离面无刷状缘,基底部纵纹明显。

4. 球旁复合体的结构　球旁复合体(juxtaglomerular complex)主要包括致密斑、球外系膜细胞和球旁细胞三部分。

远端小管在靠近肾小体血管极处，上皮细胞增高、变窄形成致密斑。致密斑是一种离子感受器，可感受远端小管腔内钠离子浓度的变化。

球外系膜细胞位于入球微动脉、出球微动脉和致密斑围成的三角形区域内。既与致密斑相贴，又与球旁细胞、血管系膜细胞及小动脉的平滑肌细胞之间形成缝隙连接，因此可能起信息传递作用。

球旁细胞位于入球微动脉管壁上，由入球微动脉管壁中膜平滑肌细胞转化而成。细胞体积较大，呈立方形，核大而圆。其主要功能是合成和分泌肾素。

5. 滤过膜或滤过屏障的结构　血管球毛细血管内的血浆成分必须经过有孔内皮、基膜和足突之间的裂孔膜，然后滤入肾小囊腔。这三层结构构成滤过膜(filtration membrane)或滤过屏障(filtration barrier)。滤过膜形成分子大小和电荷双重屏障，对血浆成分具有双重选择性的通透作用。一般情况下，分子量 70 KDa 以下、直径 4 nm 以下、带正电荷的物质容易通过。

五、思考题

(1) 请结合原尿形成的过程，描述肾小体的结构。
(2) 请比较肾小管各段的结构特点和功能。
(3) 当滤过屏障受到破坏后，尿液可能会发生什么变化？
(4) 掌握下列名词概念：肾单位、肾小体、肾小囊、足细胞、滤过屏障、球旁复合体、致密斑。

（王嘉丽）

实训十六微课视频

肾单位

实训十七

男性生殖系统

学习要点

掌握：① 生精小管的结构，辨别精原细胞、初级精母细胞、次级精母细胞、精子细胞和精子的形态结构特点和排列规律。② 支持细胞、间质细胞的形态结构特点和位置。

了解： 附睾、前列腺、输精管的光镜结构。

一、实训内容

(1) 男性生殖系统组织切片观察：见表 17-1。

表 17-1 男性生殖系统组织切片观察

	器官来源	染色方法
重点内容		
睾丸切片	人睾丸	HE 染色
参考内容		
附睾切片	人附睾	HE 染色
前列腺切片	人前列腺	HE 染色
输精管切片	人输精管	HE 染色

(2) 示教内容。

二、组织切片观察方法

(一) 睾丸（人睾丸切片）

1. **肉眼观察** 标本系部分睾丸(testis)切片，可见呈一个大的半圆形断面。睾丸表面为染成淡红色的白膜，有时可见此膜在睾丸后方增厚，为纵隔。纵隔内可见一些不规则的细长裂隙即睾丸网，其余主要是睾丸实质。

2. **低倍镜观察** 睾丸表面被覆有一层由单层扁平上皮和少量结缔组织组成的鞘膜（浆膜），鞘膜深面为很厚的由致密结缔组织构成的白膜。白膜的深部有大量圆形或椭圆形的管腔不规则的管状断面，即生精小管(seminiferous tubule)的横切面或斜切面。

生精小管管壁由多层大小不等的细胞组成，小管之间为富含血管的疏松结缔组织，即睾丸间质。间质内可见单个或三五成群的胞质嗜酸性的睾丸间质细胞。在睾丸纵隔内可见睾丸网，为一些大小不等、形状不规则的腔隙断面。选一完好的生精小管，换高倍镜观察，识别管壁的各种细胞(彩图 17 - 1)。

3. **高倍镜观察** 生精小管基部有一层粉红色的基膜紧贴，基膜外有梭形的肌样细胞。

(1) 生精细胞(spermatogenic cell)：从外向内可见。

1) 精原细胞：精原细胞(spermatogonium)靠近基膜，细胞体积较小，呈圆形或椭圆形，细胞核呈圆形，着色稍深，有时可见分裂象。

2) 初级精母细胞：初级精母细胞(primary spermatocyte)位于精原细胞内侧，1~2 层，细胞体积较大，呈圆形，细胞核也较大，呈圆形，染色体粗大交织排列，常呈分裂象。

3) 次级精母细胞：次级精母细胞(secondary spermatocyte)细胞较小，呈圆形，细胞核也较小，呈圆形，染色较深。由于次级精母细胞存在时间短，很快就分裂为精子细胞，故在切片中不易见到。

4) 精子细胞：精子细胞(spermatid)靠近管腔，有数层细胞，细胞体积较小，为圆形，细胞核小而圆，染色质致密，着色很深，胞质少，细胞核占据胞体大部分。

5) 精子：精子(spermatozoon)位于腔面，可见变态中的各期精子。在切片中可分出头部和尾部。精子头部呈梨形点状，着色深，有时可见其尾部伸入管壁。精子多群居于支持细胞的顶端。

(2) 支持细胞：支持细胞(sustentacular cell)位于各期生精细胞之间，其基底部位于基膜上，游离面至腔面，但细胞境界不清楚，形态不易看清，仅见细胞核，核较大，形状不规则，多呈三角形或卵圆形，其长轴与基膜垂直，核内染色质少，着色浅，核仁明显(彩图 17 - 1)。

(3) 睾丸间质细胞：睾丸间质细胞(testicular interstitial cell)位于生精小管之间的结缔组织内，常单个或三五成群分布，细胞体积较大，呈圆形或多边形(彩图 17 - 1)。细胞核较大，圆形，多偏于一侧，着色浅，核仁明显；胞质比较丰富，嗜酸性(思考此种细胞有何功能？)。

(4) 直精小管：位于睾丸小叶与纵隔交界处，生精小管和睾丸网之间。管壁上皮为单层柱状或单层立方上皮。偶尔可见生精小管和直精小管相连处，上皮则由复层变为单层。

(5) 睾丸网：位于纵隔内，为呈网状的上皮管道。管壁上皮为单层立方上皮(有的标本可能没有切到睾丸纵隔，直精小管和睾丸网看不到)(彩图 17 - 2)。

(二) 附睾(人附睾切片)

1. **肉眼观察** 标本附睾(epididymis)横切面切片，可见呈一个小的圆形断面。

2. **低倍镜观察** 注意区分附睾管和输出小管。若切片为附睾尾部，可见许多附睾管的断面，其特点为管腔面规则整齐，腔内含大量的分泌物与精子，管壁上皮为假复层柱状上皮，上皮细胞游离面具有整齐排列的静纤毛，上皮外面为结缔组织，其中含有血管和薄层环形平滑肌。若切片为附睾头部，则可见到输出小管的断面，管壁上皮也由假复层柱状上皮构成，注意由于具有纤毛的高柱状细胞与不具有纤毛的低柱状细胞相间排列，故导致腔面高低不等，管腔不整齐。

3. 高倍镜观察

(1) 附睾管:附睾管(epididymal duct)的管壁上皮为假复层柱状上皮,由两种细胞组成。一为基细胞,位于基膜上,在标本上只能见到一行排列整齐的小圆形细胞核;另一种是柱状细胞,呈高柱状,细胞核呈椭圆形,色浅,位于基底,细胞顶端有排列整齐的静纤毛。附睾管腔中含有其分泌物及大量精子(彩图 17-3A)。

(2) 输出小管:输出小管(efferent duct)的管壁亦属假复层柱状上皮,上皮基膜外有一薄层环形平滑肌包绕。输出小管上皮由两种细胞组成:一为低柱状细胞,一为高柱状纤毛细胞,两种细胞群相间排列,使腔面起伏不平(彩图 17-3B)。

(三) 前列腺(人前列腺切片)

1. 肉眼观察 切片可见有大小不等,形状不一的许多小腔隙,即前列腺腺泡,其余红色部位是结缔组织和平滑肌,统称为隔。

2. 低倍镜观察 可见许多形状不规则的前列腺腺泡,腺泡之间有丰富的结缔组织与平滑肌,平滑肌走行不一,含量丰富。腺泡腔较大,可见上皮及结缔组织形成许多高低不一的皱襞伸入腔内,致使腔面起伏不平。腔内含有分泌物,染成淡红色。有些腺泡内分泌物凝固成前列腺凝固体,为染成深红色同心圆排列的圆形物质(彩图 17-4A)。

3. 高倍镜观察 可见腺泡上皮细胞形态不一,可为假复层柱状上皮、单层柱状上皮或单层立方上皮(彩图 17-4B)。

(四) 输精管(人输精管切片)

1. 肉眼观察 为一圆形管道横断面。管壁很厚,中央有窄腔,腔面蓝色部分为黏膜上皮。

2. 低倍镜观察

(1) 黏膜:腔面可见有一些皱襞。上皮为假复层柱状上皮,固有层很薄。

(2) 肌层:很厚,占管壁厚度的大部分,呈内纵、中环、外纵三层。

(3) 外膜:由疏松结缔组织组成,其内有较多血管(彩图 17-5)。

3. 高倍镜观察 上皮为假复层柱状上皮,较附睾管上皮矮,细胞表面静纤毛或有或无。固有层中有较多弹性纤维和血管。

三、示教

人精液涂片

1. 材料与方法 将人精液涂成薄片,绍氏染色。

2. 镜下观察 精子头部呈椭圆形,芝麻粒状,染为蓝紫色,顶体部色稍浅;尾部细长,呈蓝色,占精子全长的大部分。

四、要点复习

(1) 睾丸生精小管内各级生精细胞(精原细胞、初级精母细胞、次级精母细胞、精子细胞和精子)的结构特点和排列规律;精子的超微结构特点。

(2) 支持细胞的光镜结构、超微结构和功能。

(3) 睾丸间质细胞的结构特点和相关功能。

(4) 附睾输出小管和附睾管的结构和功能。

(5) 前列腺的组成、腺泡的组织结构特点。

(6) 输精管的管壁结构特点。

五、思考题

(1) 试述精子发生的过程,并区别精子发生与精子形成。

(2) 试述支持细胞的结构和功能。

(3) 生理状态下精子形成是受哪些因素调控影响？临床检测不育症的依据？什么检查能最快？（精子形态检测和运动能力检测实施的依据）

(4) 根据目前所学血-睾屏障的知识点,谈谈你对男性睾丸外伤破裂的患者应采用怎样方式处置？依据是什么？请分析处置不当可能会发生什么问题？

(5) 掌握下列名词概念：精原细胞、血-睾屏障、睾丸间质细胞、血-附睾屏障、顶体。

（余　鸿）

实训十七微课视频

睾丸

实训十八

女性生殖系统

学习要点

掌握：卵巢的形态结构；原始卵泡、初级卵泡、次级卵泡和成熟卵泡的结构特征和变化；透明带、放射冠和卵丘的结构特点；黄体的结构特征。

了解：① 子宫壁的构造（包括月经周期子宫内膜结构的变化），区别增生期和分泌期的结构。② 输卵管的光镜结构。③ 静止期乳腺、活动期乳腺的光镜结构。

一、实训内容

（1）女性生殖系统组织切片观察：见表18-1。

表18-1 女性生殖系统组织切片观察

	器官来源	染色方法
重点内容		
卵巢	猴卵巢	HE染色
增生期子宫(uterus, proliferative phase)	子宫	HE染色
分泌期子宫(uterus, secretory phase)	子宫	HE染色
参考内容		
输卵管	输卵管	HE染色
子宫颈阴道部	子宫颈	HE染色
乳腺	乳腺	HE染色

（2）示教内容。

二、组织切片观察方法

（一）卵巢（猴卵巢切片）

1. **肉眼观察** 卵巢(ovary)略近卵圆形，分为皮质和髓质。皮质为周围着色较深、较宽的部分，其内含有大小不等的空泡，为发育中的各期卵泡。有时可见体积较大染成浅红色的圆形结构，是黄体的切面。髓质为卵巢中央着色较浅的狭窄部分，染成淡红色。切片一侧与卵巢系膜相连处为卵巢门。

2. 低倍镜观察

(1) 被膜：包围在皮质的外面，由外向内为上皮、白膜。

1) 上皮：卵巢表面被覆一层单层扁平或单层立方上皮。

2) 白膜：位于上皮深面，由薄层致密结缔组织组成，细胞多，纤维少，梭形细胞较整齐地平行排列于卵巢表面(彩图 18-1)。

(2) 皮质：由各期发育的卵泡、黄体以及富含基质细胞的结缔组织组成。

(3) 髓质：由疏松结缔组织组成，内有许多大小不等的血管，卵巢门附近可见少量平滑肌纤维。

3. 高倍镜观察

(1) 原始卵泡：原始卵泡(primordial follicle)分布于皮质靠近被膜下的部分，数量多，由一个圆形初级卵母细胞(primary oocyte)和周围的一层扁平卵泡细胞(follicular cell)构成(彩图 18-1A)。初级卵母细胞为圆形，体积较大，位于卵泡中央；胞核大，圆形，呈空泡状，核仁明显。卵泡细胞为单层扁平形，体积小，包绕在初级卵母细胞周围，细胞的界限不易分清，仅见染色较深的扁圆形的细胞核。

(2) 生长卵泡：生长卵泡(growing follicle)多位于原始卵泡的下方(皮质深部)，因发育时期不同，卵泡大小有差异，可分为初级卵泡和次级卵泡。

1) 初级卵泡：早期的初级卵泡(primary follicle)体积较原始卵泡稍大，初级卵母细胞体积增大，卵泡细胞呈单层立方形或单层柱状。稍后期的初级卵泡，卵泡细胞分裂增殖为多层立方形或柱状细胞(彩图 18-1B)；初级卵母细胞与最内层卵泡细胞之间出现一层均质状、嗜酸性膜称透明带(zona pellucida)；梭形基质细胞围绕卵泡形成卵泡膜(follicular theca)。

2) 次级卵泡(secondary follicile)：卵泡进一步增大，卵泡细胞间出现大小不等的腔隙(彩图 18-1C)。

A. 初级卵母细胞：体积稍增大，周围包裹透明带，紧贴透明带呈放射状排列的一层高柱状卵泡细胞称放射冠(corona radiata)。

B. 卵泡细胞：分裂繁殖为多层，细胞界限不清，仅见密集排列的圆形细胞核。卵泡细胞之间出现大小不等的腔，继而融合成一个大腔，即卵泡腔(follicular cavity)，腔内充以卵泡液，染成粉红色，常呈絮状。卵泡液不断增多，卵泡腔不断扩大，初级卵母细胞及周围的卵泡细胞突入卵泡腔内形成小丘状的卵丘(cumulus oophorus)，居于卵泡一侧；卵泡细胞也被分为形成放射冠的卵泡细胞和包围在卵泡腔内表面的数层卵泡细胞，后者称颗粒层(stratum granulosum)，卵泡细胞改称颗粒细胞(granulosa cell)(彩图 18-1C)。

C. 卵泡膜：位于卵泡外周，随卵泡的生长逐渐分化为两层。内层细胞多，位于颗粒层周围，由较大的多边形或梭形膜细胞组成，细胞核呈圆形或卵圆形，纤维少，其间有较多毛细血管。外层细胞少，纤维多，仍由梭形基质细胞构成，与周围结缔组织无明显界限。

(3) 成熟卵泡：成熟卵泡(mature follicle)体积更大，位于卵巢表面，一般不容易见到。结构与晚期次级卵泡相似，可见卵泡腔增大，腔内充满卵泡液，在切片上呈粉色的细小颗粒。颗粒层变薄，卵泡膜发育充分，内层细胞内充满小脂滴，毛细血管丰富。

(4) 闭锁卵泡：闭锁卵泡(atretic follicle)为退化的卵泡，可发生在发育各期的卵泡，散在于基质内，大小不等，退化的程度也不同。若发生在初级卵泡，则初级卵母细胞退化萎缩乃至消失，细胞失去圆形，胞核变形；卵泡细胞发生萎缩。若发生在次级卵泡，初级卵母细胞发生退化萎缩乃至消失，透明带凹陷或断裂成嗜酸性物质，卵泡腔缩小；颗粒细胞分散，细胞核固缩，其外有时可见卵泡膜内层细胞增大，胞质充满脂滴，细胞着色浅，体积较大，成为间质腺，散在于结缔组织中(彩图18-2C)。

(5) 黄体：黄体(corpus luteum)体积很大，外有结缔组织被膜，与周围组织分界清楚。① 颗粒黄体细胞(granular lutein cell)数量多，位于黄体中央，体积较大，呈多边形；核大，圆或椭圆形，居中；胞质内可见小空泡状脂滴。② 膜黄体细胞(theca lutein cell)较少，多位于周边，体积小，形态不规则，胞质和核染色较深(彩图18-2A,B)。

(6) 间质腺：生长卵泡退化后，其周围卵泡膜内层细胞体积增大，呈多边形，细胞核圆形，细胞质呈空泡状，着色较浅，形似黄体细胞。这些肥大的细胞被结缔组织和血管分隔成若干细胞团或索，称为间质腺(interstitial gland)。间质腺最后退化形成类似白体的小瘢痕(彩图18-2C)。

(二) 子宫

1. **增生期子宫切片**

(1) 肉眼观察：标本一侧染成紫色的一层是内膜，其余染成粉红色很厚的部分是肌层。

(2) 低倍镜观察：子宫壁由内至外分为子宫内膜、子宫肌层及子宫外膜三层。

(3) 高倍镜观察：调至高倍镜，进一步观察子宫壁的结构。

1) 子宫内膜：子宫内膜(endometrium)由上皮和固有层组成。

A. 上皮：为单层柱状上皮，多数是无纤毛的分泌细胞，少量上皮细胞具有纤毛(镜下较难观察到)。

B. 固有层：上皮向固有层凹陷形成子宫腺(uterine gland)，为单管状腺，腺底部稍弯曲。固有层的结缔组织内含大量基质细胞(stroma cell)，呈梭形或星形，细胞核卵圆形；固有层内含有较多血管，可见连续几个小动脉的切面成串排列，即为螺旋动脉(spiral artery)。增生期子宫内膜固有层内子宫腺腺体较小，腔内未见分泌物。固有层分为界限不明显的两层。功能层(functional layer)靠腔面，较厚，腺体的断面较少，多数是纵切面，基质细胞较分散，着色稍浅；基底层(basal layer)靠近肌层，较薄，腺体的断面较多，多为横断面或斜断面，基质细胞较密集，着色较深(彩图18-3A,B)。

2) 子宫肌层：子宫肌层(myometrium)最厚，由成束的平滑肌组成，肌束之间有少量结缔组织。肌束走向较乱，常交错排列，镜下不易区分。由内向外大致分为黏膜下层、中间层和浆膜下层三层。

A. 黏膜下层和浆膜下层：较薄，位于黏膜层的深面和接近浆膜，主要为纵行的平滑肌束。

B. 中间层：较厚，以环行平滑肌束为主，肌束间有较多较大的血管穿行，又称为血管层。

3) 子宫外膜(perimetrium)：子宫底部和体部为浆膜，其余部位为纤维膜。

2. **分泌期子宫切片** 低倍镜及高倍镜观察。与增生期子宫切片对照观察。

(1) 子宫内膜较增生期增厚2~3倍，子宫腺增大，呈弯曲状，腺上皮细胞有明显的空泡(空泡代表糖原所在的部位,因糖原在制片时溶解,故呈空泡状),管腔内含有分泌物(彩图 18-3C)。

（2）固有层分为两层,即功能层和基底层。功能层为近腔面较厚的部分,子宫腺即位于此层内。腺体间的固有层结缔组织细胞较多、肥大；螺旋动脉增多、弯曲、充血；组织液增多,呈水肿状。基底层较薄,靠近肌层,子宫腺的底部可达此层。此层结缔组织较致密,其中含有较大的血管。

（三）输卵管（人输卵管横切片）

1. **肉眼观察** 输卵管(oviduct)的横切面略呈圆形,中间染色较深的是黏膜,外面与输卵管一侧相连的结构是输卵管系膜。

2. **低倍镜观察**

（1）黏膜：有很多皱襞,管腔几乎被分支状的皱襞充满。黏膜上皮为单层柱状,上皮深面的固有层较薄,由结缔组织组成,其中含有较多的血管,可见到固有层伸入皱襞内。

（2）肌层：由平滑肌组成,分内环行、外纵行两层。纵行肌排列分散,周围充满大量结缔组织和血管。

（3）浆膜：间皮被覆在最外面,其下为少量疏松结缔组织（彩图 18-4A）。

3. **高倍镜观察** 输卵管的柱状上皮由两种细胞组成：一种是纤毛细胞(ciliated cell),胞核呈圆形或椭圆形,染色较浅,细胞游离面有纤毛(如纤毛看不清楚,可根据核的特点来区别)（彩图 18-4B）；另一种是分泌细胞(secretory cell),位于纤毛细胞之间,着色较深,游离面没有纤毛,胞核呈长椭圆形,染色也较深。

（四）子宫颈（子宫颈阴道部切片）

1. **肉眼观察** 切片上平整的一端是子宫颈的切缘；另一端呈分叉形,其较宽的部分是子宫颈伸入阴道的部分,一侧较平整,是子宫颈管的腔面,另一侧凹陷处是阴道穹隆,与它连续的是阴道壁。

2. **低倍镜及高倍镜观察**

（1）子宫颈的结构：子宫颈(cervix)的黏膜有许多深皱襞,切面上常误以为是管状腺。上皮细胞呈高柱状,大部分是分泌黏液的细胞。宫颈外口处上皮突然由单层柱状上皮变为复层鳞状上皮,并与阴道的上皮相连续。

（2）子宫颈壁由黏膜、肌层、外膜组成。

1）黏膜：上皮是未角化复层鳞状上皮,固有层纤维排列较致密,近肌层则变疏松。

2）肌层：平滑肌纤维排列不规则,大致为内环、外纵行。

3）外膜：纤维膜。

（五）乳腺（人乳腺切片）

1. **肉眼观察** 标本一侧呈紫蓝色的是表皮,在粉红色的组织中可见散在分布的蓝紫色小团状结构即乳腺小叶。

2. **低倍镜及高倍镜观察**

（1）静止期乳腺(inactive mammary gland)：大部分是结缔组织,含有大量脂肪组织,胶原纤维相当粗大,腺组织被结缔组织分隔成乳腺小叶,较分散。小叶由腺泡、导管和较多的结缔组织组成,腺泡很少,主要是腺导管,但二者在镜下不易区分,上皮均为立方或低柱状。导管的腔较大,腺泡则是腔小或无腔的一团细胞(彩图18-5A)。靠近皮肤处可见数条纵断面的管道,管壁被覆复层鳞状上皮,有时能见到此管开口于皮肤表面,是输乳管。乳头的皮肤在表皮的基底层中有许多棕色的色素。表皮下结缔组织中有大量平滑肌束,肌束走向不一。

(2) 活动期乳腺(active mammary gland):导管和腺泡显著增多,腺泡上皮为柱状,腺泡腔增大,腔内还可见染成紫红色的乳汁;在小叶间有较大的导管,小叶间结缔组织和脂肪很少(彩图18-5B)。

三、示教

妊娠黄体

1. 材料与方法　人的卵巢(含黄体),Helly液固定,石蜡包埋,横断切片,HE染色。
2. 低倍镜观察　整个黄体表面包裹结缔组织被膜,结缔组织伸入黄体内将黄体分割成一些小区。其内绝大多数细胞着色较浅,是颗粒黄体细胞;另外可见着色较深的膜黄体细胞,位于靠近结缔组织隔的部位。黄体中央的腔内充满着浆液性含纤维的液体和血液,表明此黄体处于妊娠的较早期阶段(彩图18-6A)。
3. 高倍镜观察

(1) 颗粒黄体细胞:颗粒黄体细胞(granalar lutein cell)较大,呈多边形;细胞核圆形,核仁清楚;细胞质着粉红色,有的有空泡(是制片时脂滴被溶解所致)。

(2) 膜黄体细胞:膜黄体细胞(theca lutein cell)较小,形态不规则;细胞核与细胞质染色均较颗粒黄体细胞深(彩图18-6B)。

四、要点复习

(1) 卵泡的发育与成熟过程:原始卵泡、初级卵泡、次级卵泡和成熟卵泡的结构特征和变化;透明带、放射冠和卵丘的形成过程、结构特点和功能意义。

(2) 排卵、黄体的定义、结构特点与功能。

(3) 子宫内膜的结构特征、周期性变化过程,增生期、分泌期、月经期的结构特征和变化。

(4) 脑垂体-卵巢-子宫轴的结构变化及其与功能的关系。

五、思考题

(1) 简述卵泡的生长发育过程,并阐述卵泡发育的意义何在?

(2) 试述黄体的形成及其内分泌功能。

(3) 试述子宫内膜的结构及其周期性变化。

(4) 试从脑垂体-卵巢-子宫轴的内分泌调节与结构的变化关系思考生理状态下卵泡发育的调控机制,对正常卵巢功能状态调节的认识有何临床意义?卵巢会发生提前衰老吗?

(5) 掌握下列名词概念:透明带、排卵、黄体、月经周期、初级卵母细胞。

(韩　艺)

实训十八微课视频

卵巢

实训十九

胚胎学总论

学习要点

掌握：① 胚泡的结构和两胚层胚盘的形成过程。② 胎盘的结构与功能。
了解：① 从受精到植入的发育过程。② 三胚层的主要分化器官和胚体外形演变。③ 胎膜的形成与功能。

胚胎学(embryology)主要是研究从受精卵发育为新生个体的过程及其机理的科学。胚胎学的主要内容包括生殖细胞和受精、胚体发育和胚胎附属结构的发育、胚胎与母体关系以及先天性畸形等。人胚胎发育分为胚期和胎期。胚期指从受精卵形成到第2月末；胎期指从第9周至出生。胎膜(fetal membrane)是来自胚泡的一些附属结构，对胚胎有重要的营养、保护、呼吸、排泄等功能，主要包括绒毛膜、羊膜、卵黄囊、尿囊和脐带。胎盘由胎儿的丛密绒毛膜与母体子宫底蜕膜共同形成，有重要的物质交换和内分泌以及屏障功能。胎儿娩出后，胎膜和胎盘与子宫蜕膜一并排出，总称为衣胞。

一、观察模型

(一) 受精和卵裂

精卵结合的过程称为受精(fertilization)。受精卵(彩图19-1A)最外侧为透明带；中间为受精卵和上方的第二极体；受精卵右下为由第一极体分裂形成的2个极体。随着卵裂(cleavage)次数增多，卵裂球数目增多但体积变小，在透明带内逐渐形成桑椹胚(彩图19-1B)，此时为受精后约72 h。

(二) 胚泡和两胚层胚盘形成

当卵裂球数目增至100个左右时，细胞间出现若干小腔隙。最后融合成充满液体的大腔，称为胚泡(blastocyst)(彩图19-1C,D)。此时为受精后第五天左右，透明带溶解消失。胚泡外周一层扁平细胞为滋养层，中央为一大的胚泡腔，生活状态下含胚泡液。附着在滋养层一端的白色细胞团为内细胞群。内细胞群已分化出上下胚层。上胚层与羊膜囊之间为羊膜腔。下胚层细胞与胚外体腔膜之间围成初级卵黄囊，胚泡腔消失。由上下胚层紧密相贴形成的圆盘状结构即两胚层胚盘,此时为胚胎第2周。

(三) 植入

胚泡逐渐侵入子宫内膜的过程称为植入(implantation)(彩图19-1E,F)。受精后第6~7 d,胚泡开始侵入子宫内膜。正在植入的胚泡,胚泡腔内的细胞团为内细胞群。子宫腺的腺腔较大(图19-1E)。胚泡全部植入子宫内膜,子宫上皮修复。内细胞群开始分化出下胚层(图19-1F)和上胚层(图19-1F),羊膜腔扩大(图19-1F箭头所指)。

(四) 胚层的形成及滋养层的分化

胚胎第2周,植入的同时,内细胞群发育形成两胚层胚盘,胚胎第3周,上胚层细胞增生在胚盘尾端形成纵行的细胞索,即原条(primitive streak),原条头端的细胞团为原结。原条的细胞增生、迁移,在上、下胚层之间铺开,形成胚内中胚层;部分原条细胞向下迁移取代下胚层,形成内胚层;原结的细胞增生,向胚盘头端迁移形成脊索。胚体三个胚层形成后,原来的上胚层改名为外胚层。至此,内、中、外三个胚层的细胞形成三胚层胚盘(彩图19-2A~C),以后分化演变形成人体所有器官原基。胚盘表面为外胚层,胚盘尾端中线上有原条和原结。胚盘前端无中胚层区域为口咽膜。

外胚层中部细胞增殖形成的神经板两侧高起形成神经褶,中央凹陷形成神经沟,随后神经沟闭合形成神经管(彩图19-2D,E),外胚层头端最终形成脑,尾端形成脊髓(请思考中胚层和内胚层将来演变成什么结构? 胚盘以外的部分又演变成什么结构?)。

(五) 胚胎与胎膜

植入后子宫内膜改称蜕膜。根据胚胎与蜕膜的关系分为三个部分,覆盖在胚胎浅层的为包蜕膜,胚胎深面的为底蜕膜,其余部分为壁蜕膜(哪一部分蜕膜参与胎盘形成?)。

1. 绒毛膜 绒毛膜(chorion)紧贴蜕膜,由滋养层和胚外中胚层构成。在胚胎发育前6周,蜕膜中的绒毛由于血供丰富发育为丛密绒毛膜(彩图19-3A)。分布于包蜕膜的绒毛因营养相对缺乏而逐渐萎缩退化为平滑绒毛膜。随着胚胎发育,丛密绒毛膜与底蜕膜共同构成了胎盘,而平滑绒毛膜则和包蜕膜一起逐渐与壁蜕膜融合。

2. 羊膜 羊膜(amnion)是平滑绒毛膜里面的一层(图19-3①),非常透明,由羊膜上皮与胚外中胚层构成。此时羊膜与绒毛膜贴紧,胚外体腔已基本消失。胎儿借脐带与丛密绒毛膜相连,并生活在羊膜腔的羊水中(彩图19-3A,B)。

3. 卵黄囊 卵黄囊(yolk sac)发育中与原始消化管完全脱离,被包在脐带中退化。

4. 尿囊 尿囊(allantois)是后肠腹侧壁伸入体蒂的突起,被包在脐带中。

5. 脐带 脐带(umbilical cord)由羊膜包裹体蒂而成,其中含有卵黄囊、尿囊、2条脐动脉和1条脐静脉(彩图19-3B)。

(六) 胎盘

胎盘由丛密绒毛膜和底蜕膜紧密结合而构成的一个圆盘状结构(图19-3C),胎盘的胎儿面有羊膜覆盖而光滑,并有脐带附着。丛密绒毛膜上发出绒毛干和游离绒毛,浸泡在绒毛间隙的母体血中。胎盘的母体面有绒毛间隙(与子宫动、静脉相通)、胎盘隔和底蜕膜。胎盘的母体面粗糙,可见底蜕膜以及胎盘隔分隔的胎盘小叶。

二、思考题

（1）简述受精的过程和意义。
（2）简述植入的过程和条件。
（3）根据受精和植入过程，设想可能的避孕措施。
（4）简述胎盘的组成、血液循环及功能。
（5）掌握下列名词概念：胚胎学、透明带反应、获能、顶体反应、卵裂、桑椹胚、胚泡、植入、胚盘、胎盘屏障。

（肖　岚）

彩色附图

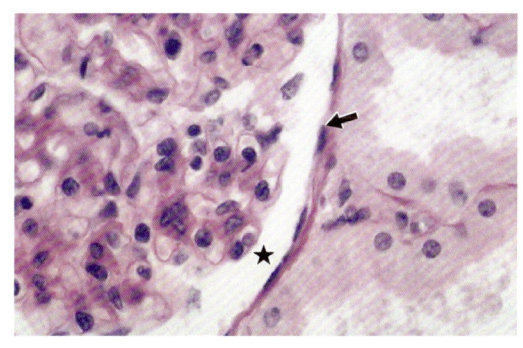

彩图 2-1 单层扁平上皮
↑示单层扁平细胞，★示肾小囊腔

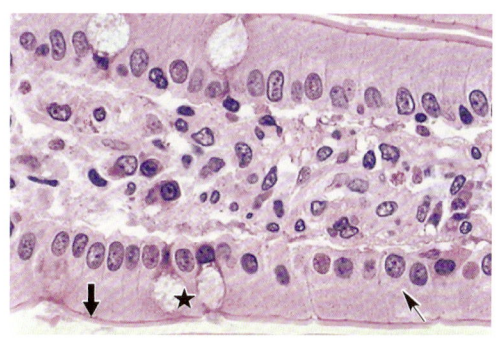

彩图 2-2 单层柱状上皮
↑示柱状细胞，↑示纹状缘，★示杯状细胞

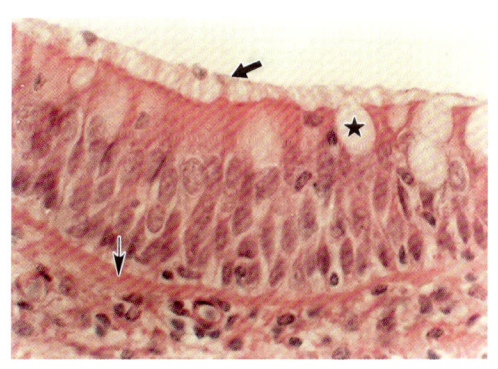

彩图 2-3 假复层纤毛柱状上皮
↑示纤毛，★示杯状细胞，↑示基膜

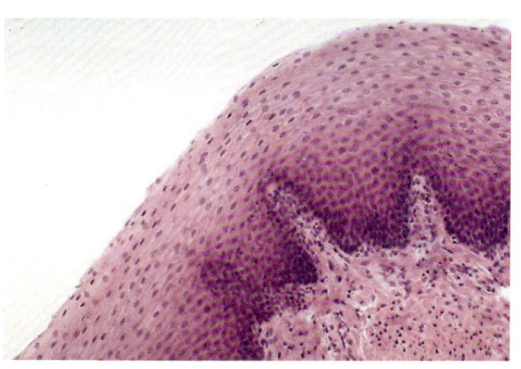

彩图 2-4 复层扁平（鳞状）上皮

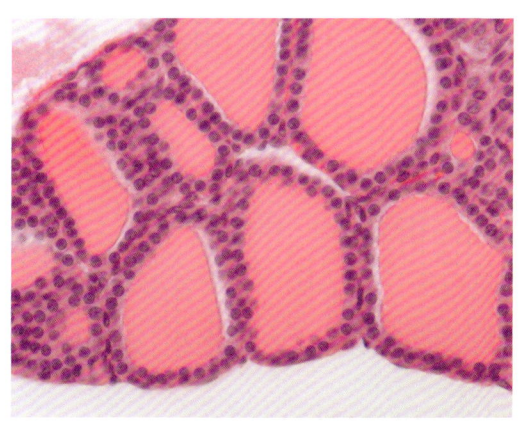

彩图 2-5 单层立方上皮（甲状腺）

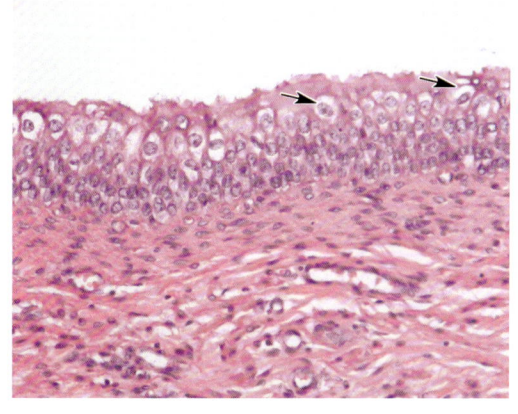

彩图 2-6 变移上皮（空虚膀胱）
↑示盖细胞

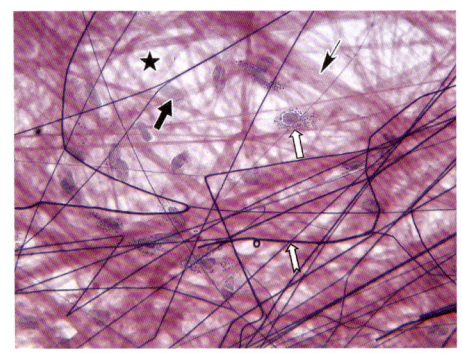
彩图 3-1 疏松结缔组织
↑示胶原纤维,⇑示弹性纤维,➤示成纤维细胞,⇧示巨噬细胞,★示基质

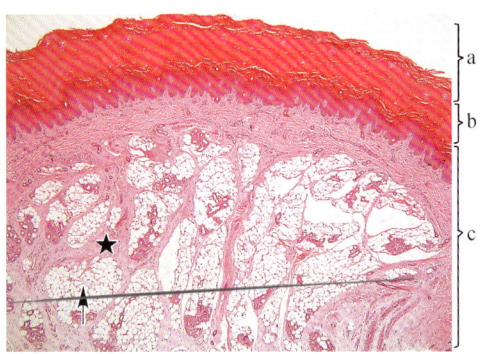
彩图 3-2 不规则致密结缔组织
a 示表皮,b 示真皮,c 示皮下组织,↑示疏松结缔组织,★示脂肪组织

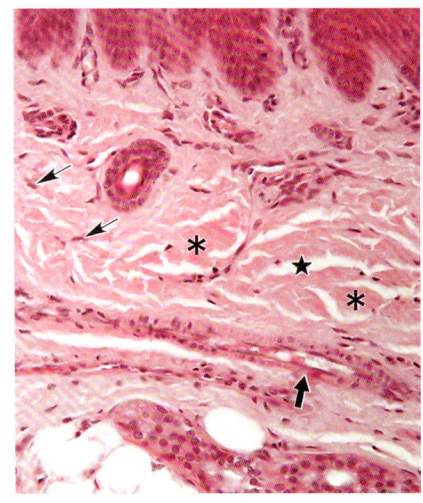
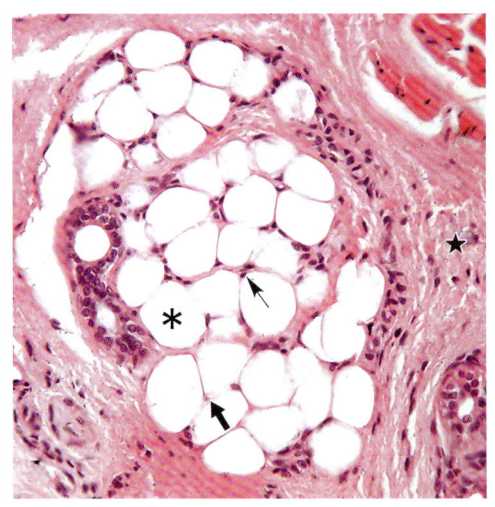

彩图 3-3 不规则致密结缔组织和脂肪组织
A. 不规则致密结缔组织(*示纤维,↑示细胞,★示基质,➤示血管);B. 脂肪组织(*示脂肪细胞,↑示细胞核,⇧示新月形细胞质,★示疏松结缔组织)

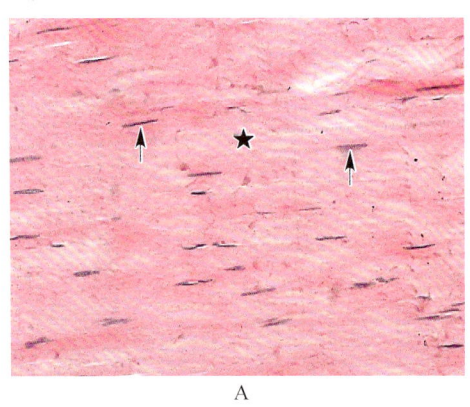
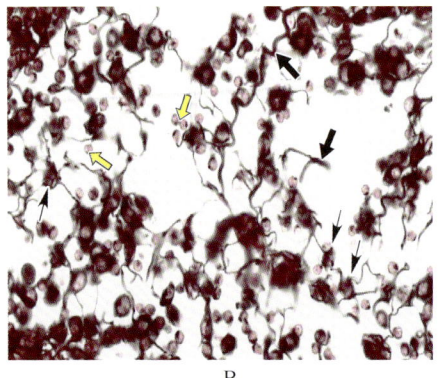

彩图 3-4 规则致密结缔组织和网状组织
A. 规则致密结缔组织(↑示腱细胞核,★示胶原纤维束);B. 网状组织(髓窦)(↑示网状细胞,➤示网状纤维,⇧示淋巴细胞)

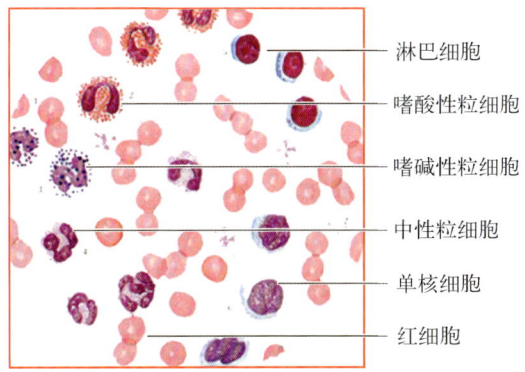

彩图 4-1 血涂片(瑞氏染色)

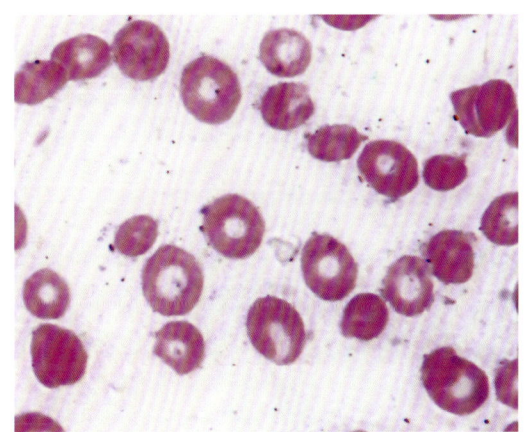

彩图 4-2 血涂片(红细胞)

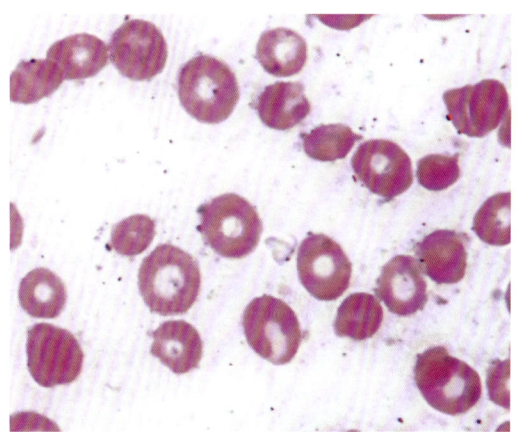

彩图 4-3 血涂片(中性粒细胞)

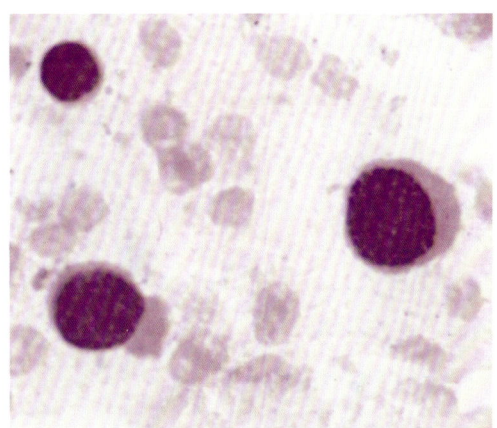

彩图 4-4 血涂片(淋巴细胞)

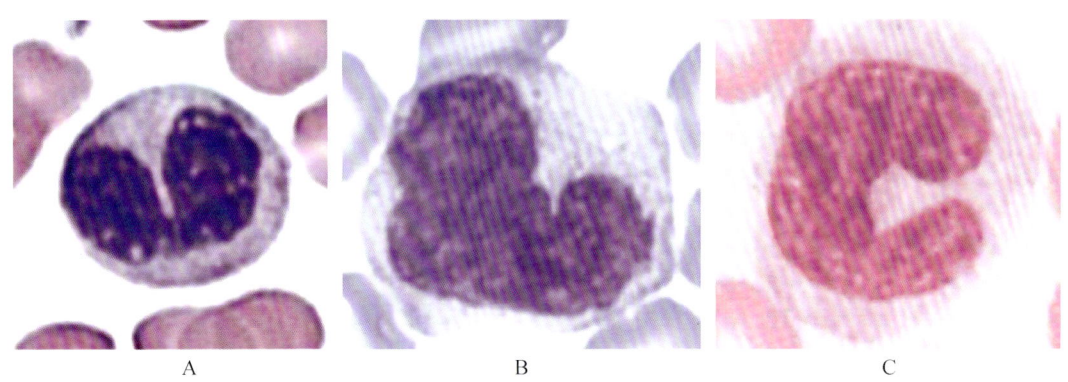

彩图 4-5 血涂片（单核细胞）

单核细胞的核分别呈内陷形（A）、肾形（B）、马蹄形（C）

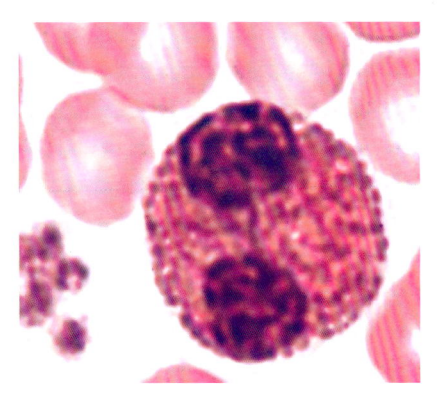 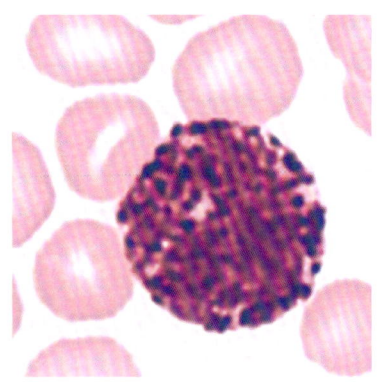

彩图 4-6 血涂片（嗜酸性粒细胞）　　　彩图 4-7 血涂片（嗜碱性粒细胞）

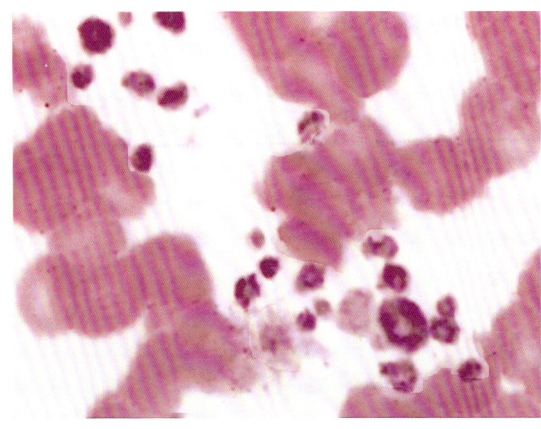 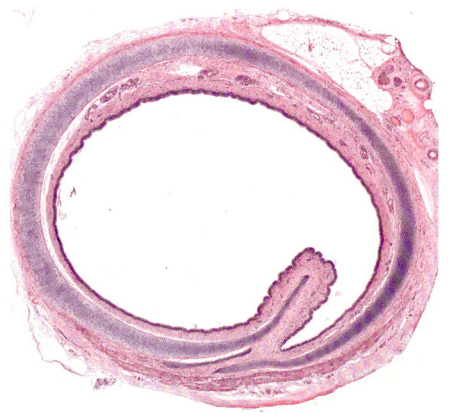

彩图 4-8 血涂片（血小板）　　　彩图 5-1 低倍镜下的气管

紫蓝色部分为透明软骨

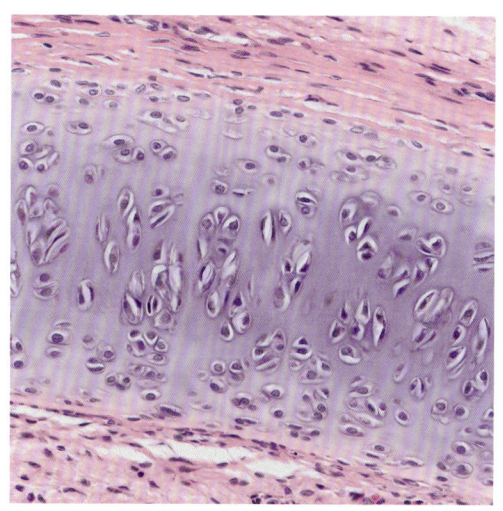

彩图 5-2 气管透明软骨
可见软骨膜、软骨囊、同源细胞群

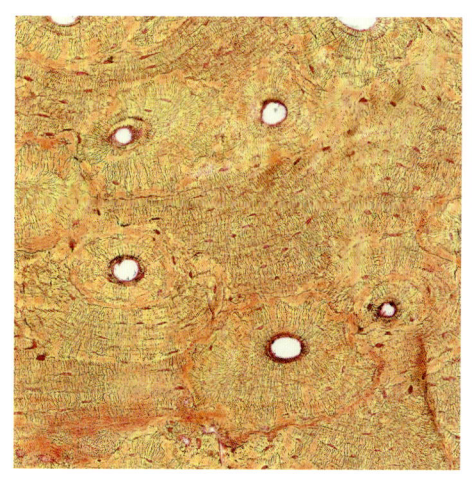

彩图 5-3 骨磨片
可见骨单位及间骨板

彩图 5-4 骨磨片
可见骨陷窝及骨小管内有黑色染料充填

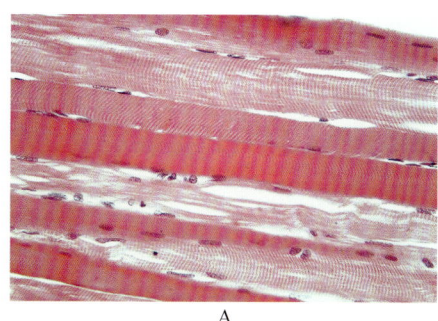
A

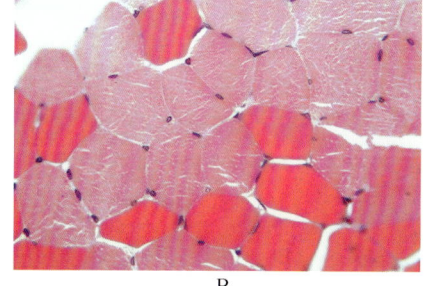
B

彩图 6-1 骨骼肌
A. 纵切面图；B. 横切面图

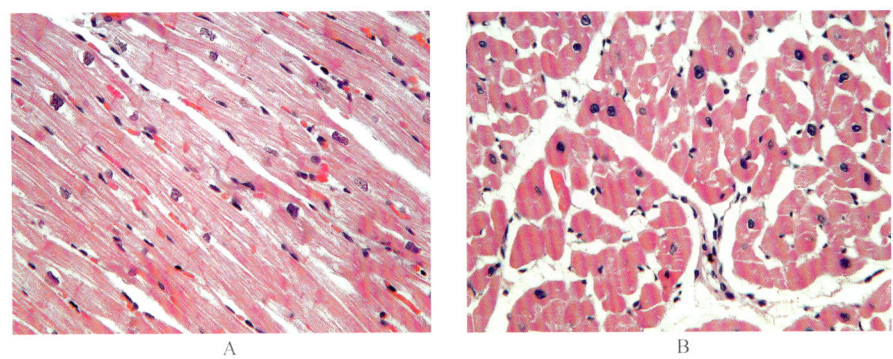

彩图6-2 心肌
A. 纵切面图；B. 横切面图

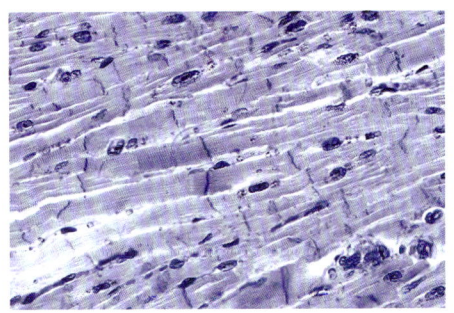

彩图6-3 心肌闰盘(铁苏木素染色)

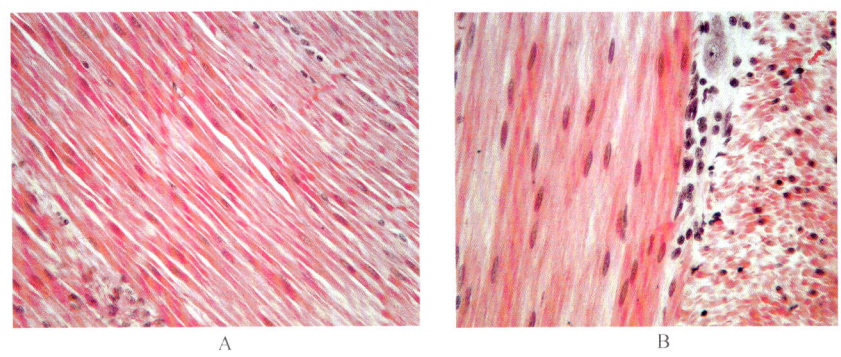

彩图6-4 小肠壁平滑肌
A. 纵切面图；B. 纵横切面图

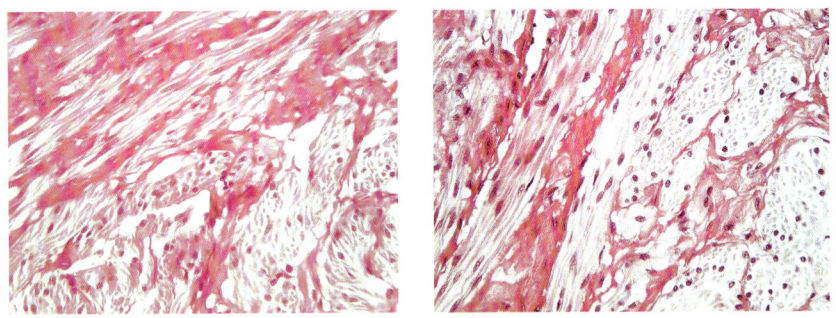

彩图6-5 膀胱壁平滑肌的纵横切面图

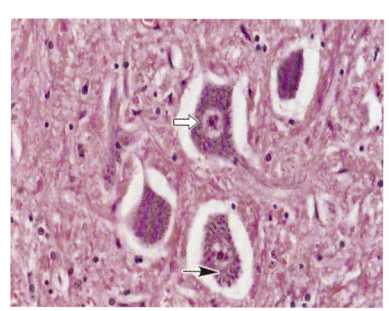

彩图 7-1 多级神经元（HE 染色）
⇧示泡状核，➡示尼氏体

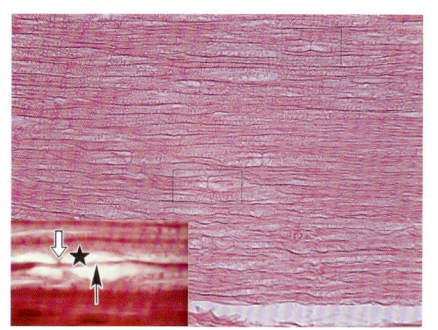

彩图 7-2 有髓神经纤维
⇧示郎飞结，➡示轴突，★示髓鞘

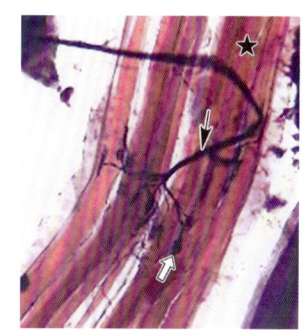

彩图 7-3 运动终板
⇧示运动终板，➡示神经纤维，★示骨骼肌

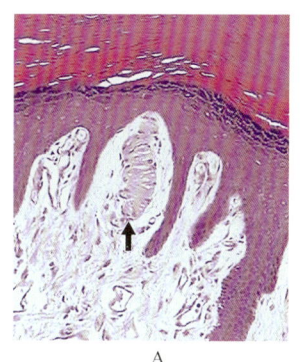

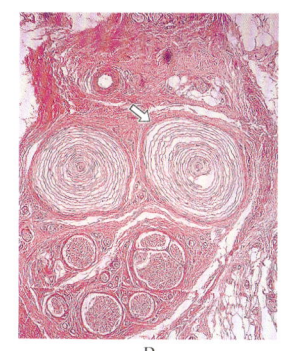

彩图 7-4 触觉小体和环层小体
A. 真皮乳头层中触觉小体（⬆）；B. 真皮网织层中环层小体（⇧）

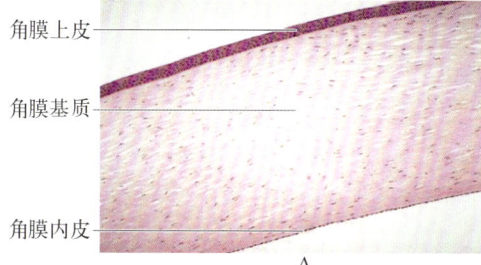

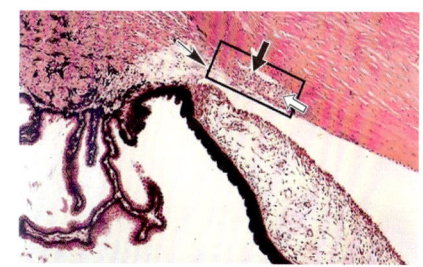

彩图 8-1 角膜及角膜缘的结构
A. 角膜；B. 角膜缘（➡示角膜缘，⬆示巩膜静脉窦，⇧示小梁网）

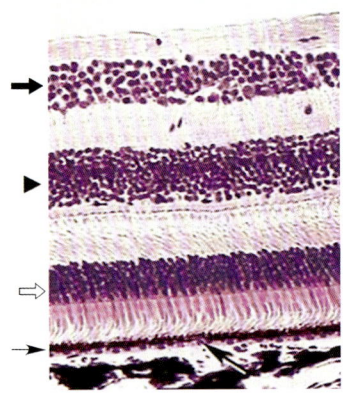

彩图 8-2 视网膜的结构
↑示色素上皮层，⇧示视细胞层，▲示双极细胞层，↟示节细胞层

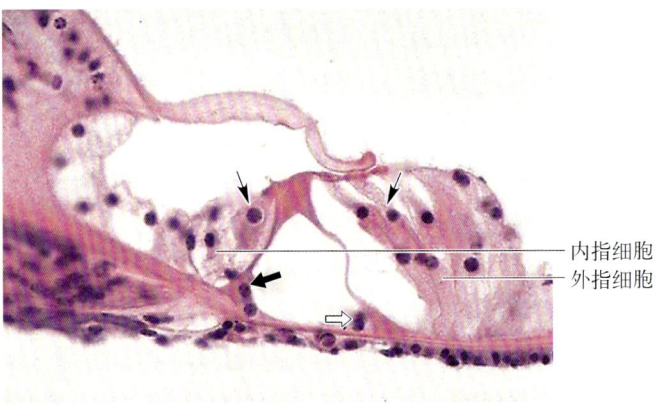

彩图 8-3 螺旋器的结构
↑示毛细胞，↟示内柱细胞，⇧示外柱细胞

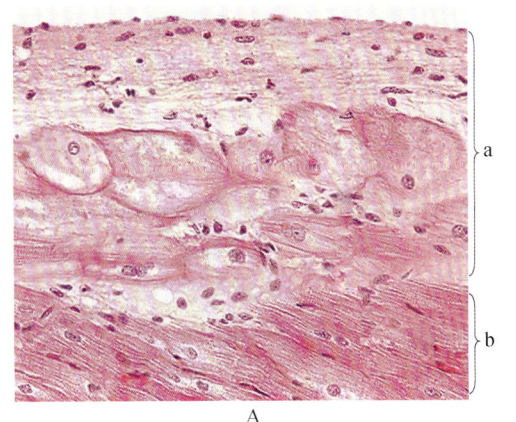

A

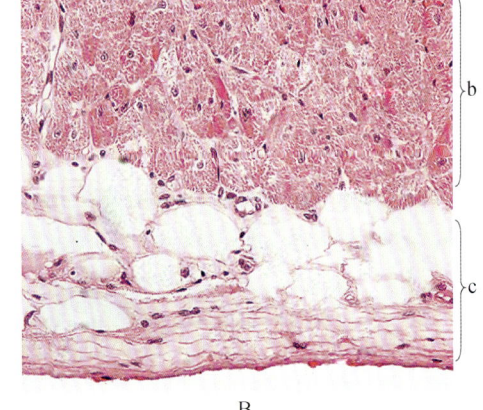

B

彩图 9-1 心壁
A. 心内膜和心肌膜（a 示心内膜，b 示心肌膜）；B. 心肌膜和心外膜（b 示心肌膜，c 示心外膜）

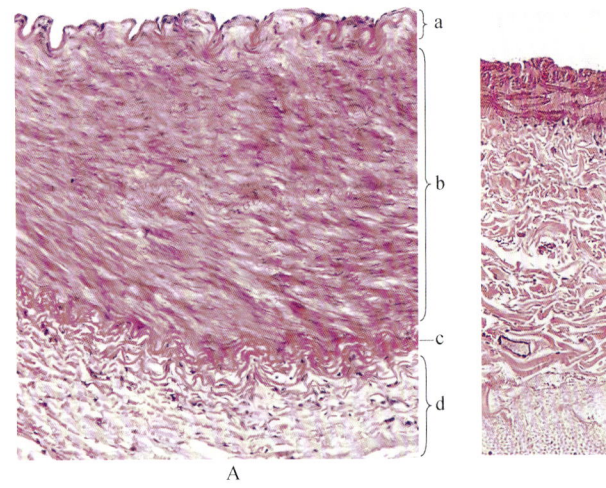

A

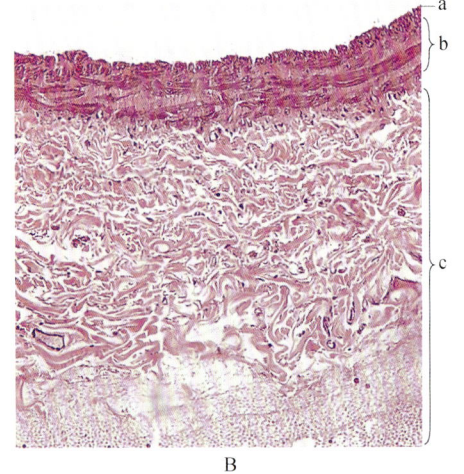

B

彩图 9-2 中动、静脉壁结构
A. 中动脉（a 示内膜，b 示中膜，c 示外弹性膜，d 示外膜）；B. 中静脉（a 示内膜，b 示中膜，c 示外弹性膜）

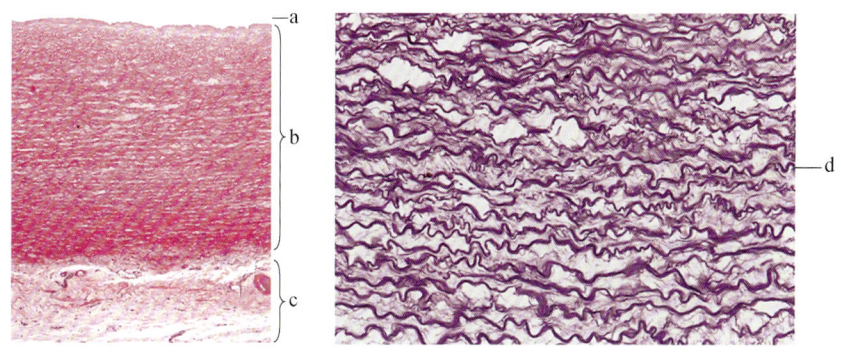

彩图 9-3 大动脉壁结构
a 示内膜，b 示中膜，c 示外膜，d 示大动脉中膜弹性纤维

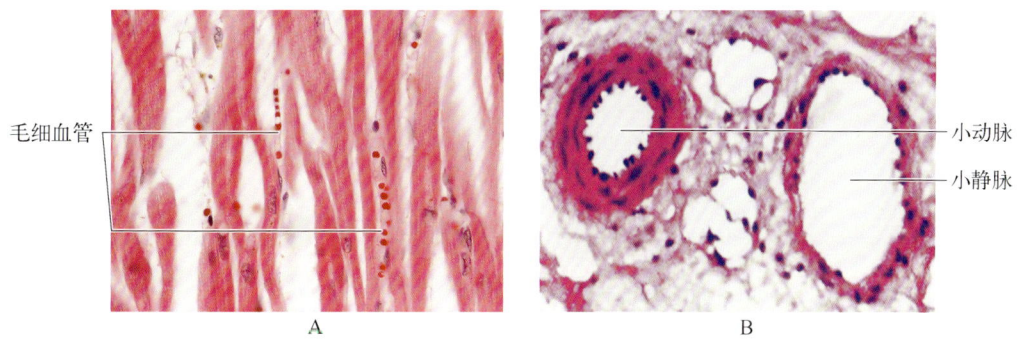

彩图 9-4 毛细血管(A)和小动、静脉(B)

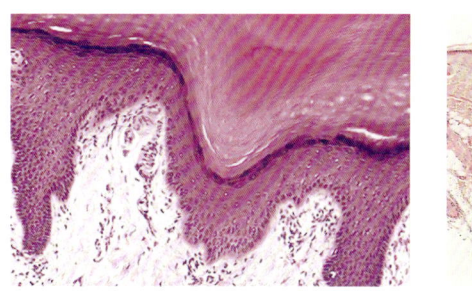

彩图 10-1 手掌皮肤（低倍）

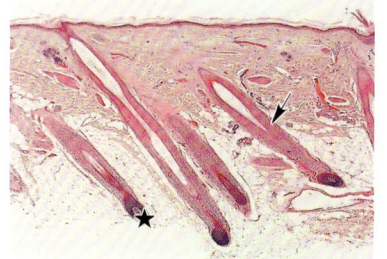

彩图 10-2 人头皮光镜图（低倍）
★示毛乳头，↑示毛囊

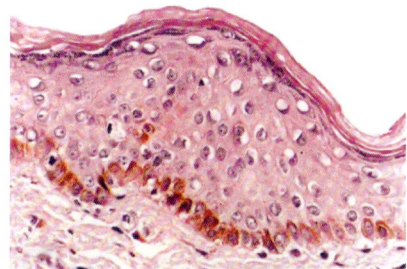

彩图 10-3 黑素细胞光镜图[（高倍）硝酸银染色]

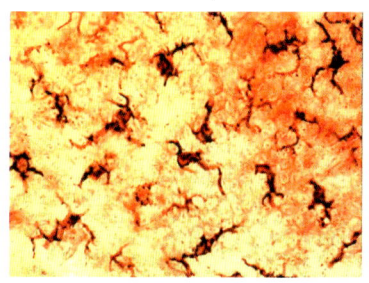

彩图 10-4 朗格汉斯细胞光镜图[（高倍）ATP 酶免疫组化染色]

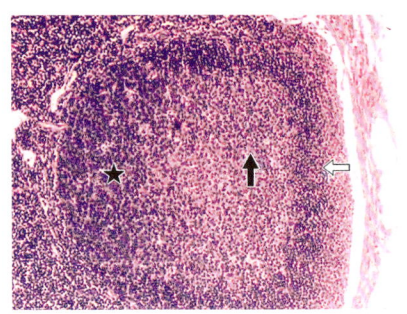

彩图 11-1 淋巴小结光镜图
★示暗区,↑示明区,⇧示小结帽

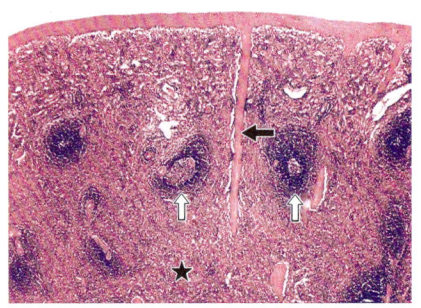

彩图 11-2 脾
↑示脾小梁,⇧示白髓,★示红髓

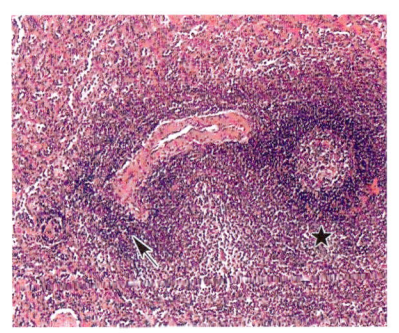

彩图 11-3 脾小体
↑示动脉周围淋巴鞘,★示淋巴小结

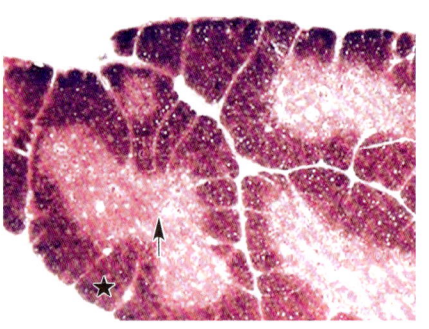

彩图 11-4 胸腺
★示皮质,↑示髓质

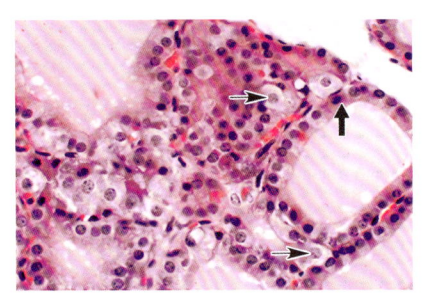

彩图 12-1 甲状腺
↑示滤泡旁细胞,↑示滤泡上皮细胞

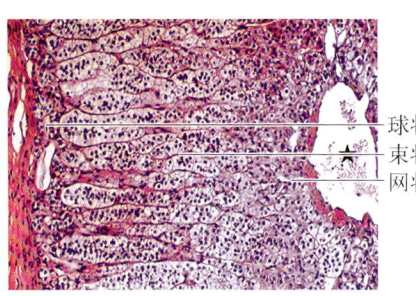

彩图 12-2 肾上腺
★示中央静脉

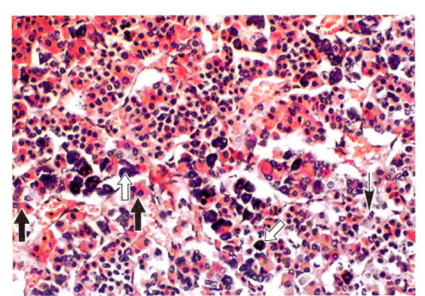

彩图 12-3 腺垂体
↑示嗜酸性细胞,⇧示嗜碱性细胞,↓示嫌色细胞

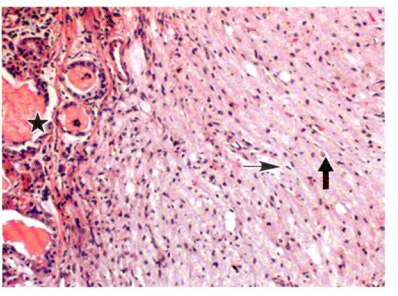

彩图 12-4 神经垂体和中间部
↑示赫令体,↑示垂体细胞,★示中间部

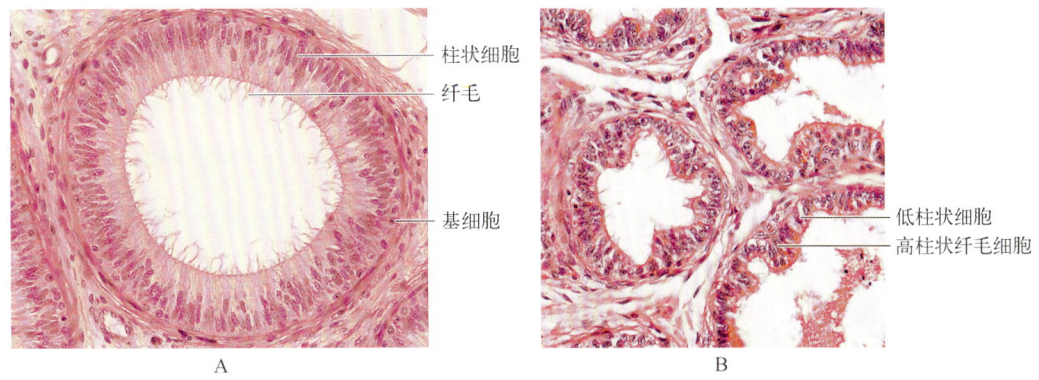

彩图 17-3　人附睾（高倍，HE 染色）
A. 附睾管；B. 输出小管

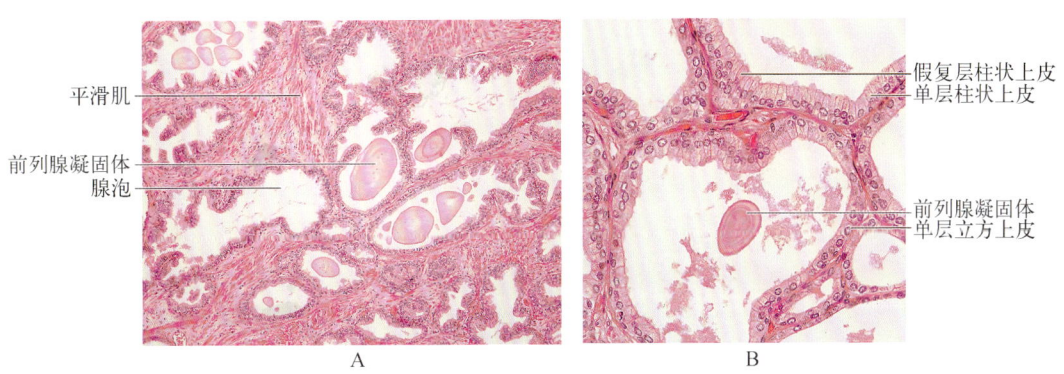

彩图 17-4　人前列腺光镜图（HE 染色）
A. 人前列腺低倍镜图；B. 人前列腺高倍镜图

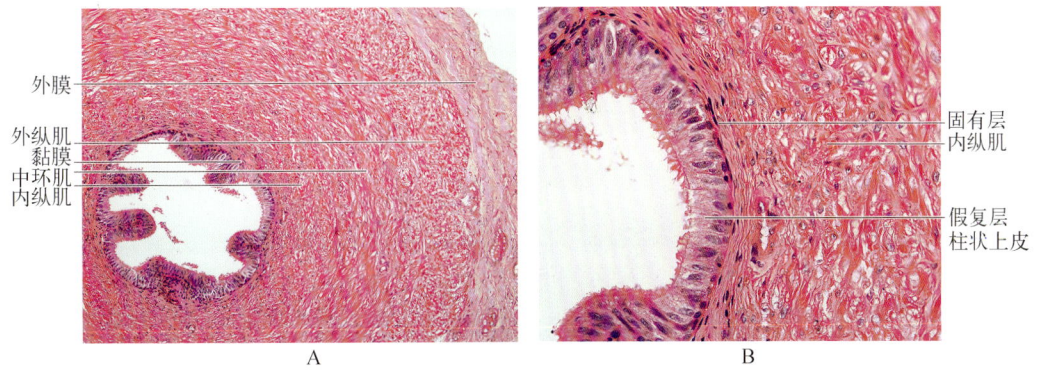

彩图 17-5　人输精管光镜图（HE 染色）
A. 人输精管低倍镜图；B. 人输精管高倍镜图

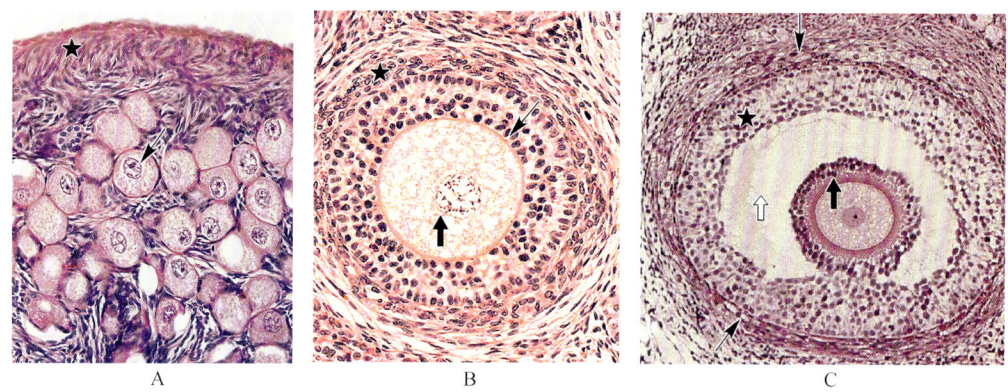

彩图 18-1　各级卵泡光镜图

A. 原始卵泡低倍镜图(↑示原始卵泡,★示白膜);B. 初级卵泡高倍镜图(↑示初级卵母细胞,↑示透明带,★示卵泡膜);C. 次级卵泡高倍镜图(↑示卵丘,⇧示卵泡腔,★示颗粒层,↑示卵泡膜)

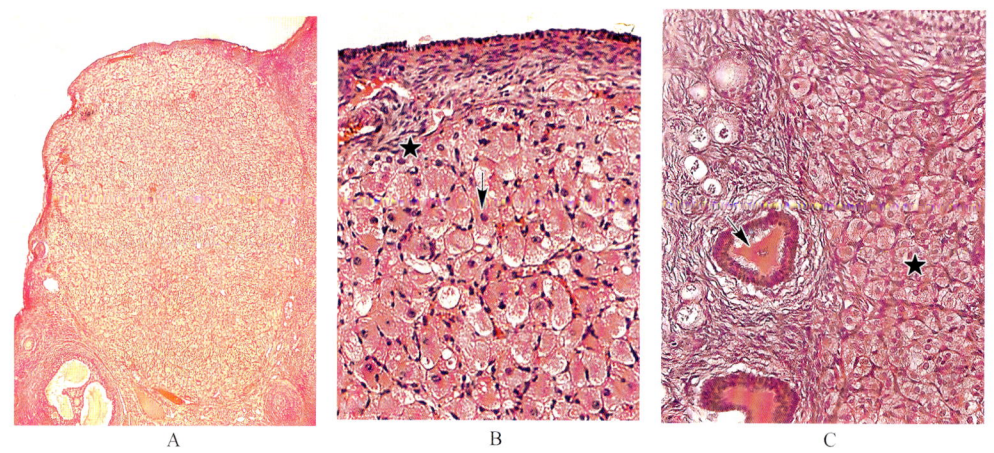

彩图 18-2　黄体、闭锁卵泡与间质腺

A. 黄体低倍镜图;B. 黄体高倍镜图(★示膜黄体细胞,↑示颗粒黄体细胞);C. 闭锁卵泡与间质腺(↑示闭锁卵泡,★示间质腺)

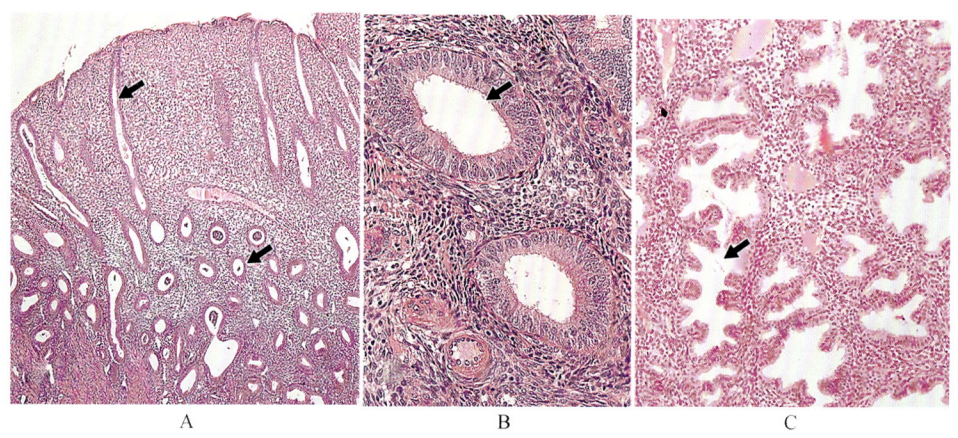

彩图 18-3　各期子宫内膜结构

A. 增生期子宫(↑示子宫腺);B. 增生期子宫内膜高倍镜图(↑示子宫腺腔光滑);C. 分泌期子宫内膜高倍镜图(↑示子宫腺弯曲)

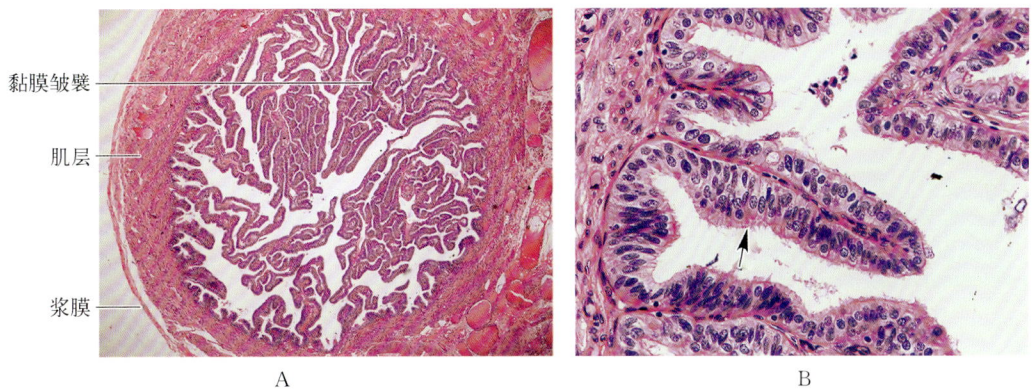

彩图 18-4　输卵管光镜图
A. 输卵管低倍镜图；B. 输卵管黏膜高倍镜图（↑示输卵管上皮纤毛细胞）

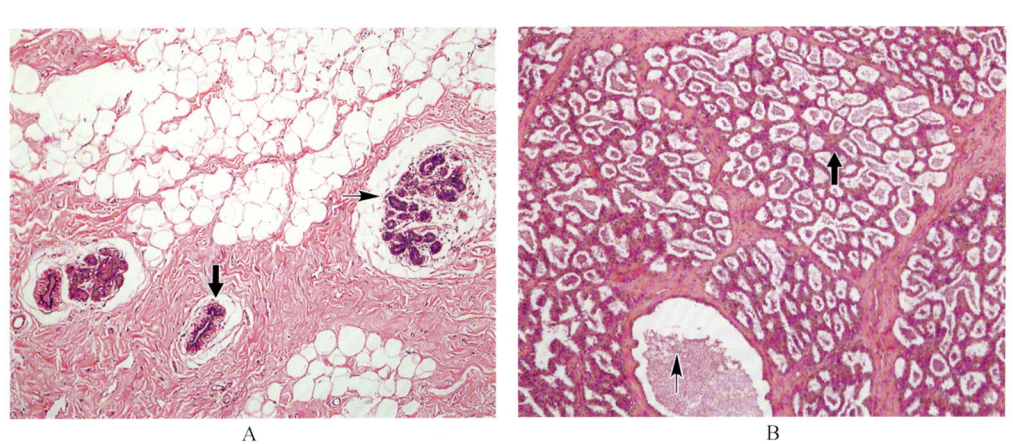

彩图 18-5　静止期乳腺和活动期乳腺
A. 静止期乳腺（↑示腺泡，↑示导管）；B. 活动期乳腺（↑示小叶间导管，↑示腺泡）

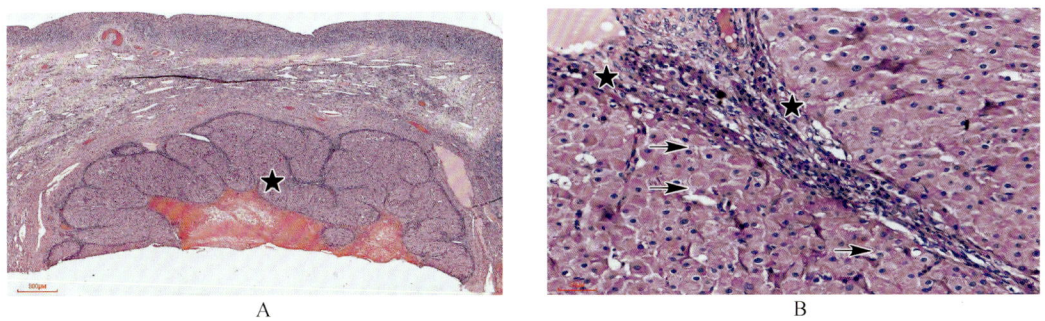

彩图 18-6　妊娠黄体光镜图
A. 妊娠黄体低倍镜图（★示黄体）；B. 妊娠黄体高倍镜图（↑示颗粒黄体细胞，★示膜黄体细胞）

彩图 19-1 卵裂与胚泡植入

A. 受精卵细胞分裂；B. 桑椹胚；C. 胚泡腔形成(↑示内细胞群)；D. 胚泡植入后形成(① 上胚层，② 下胚层，★示羊膜腔)；E. 植入中的胚泡(↑示子宫内膜，↑示子宫腺腔)；F. 植入完成后的胚胎埋入子宫内膜(↑示羊膜腔)

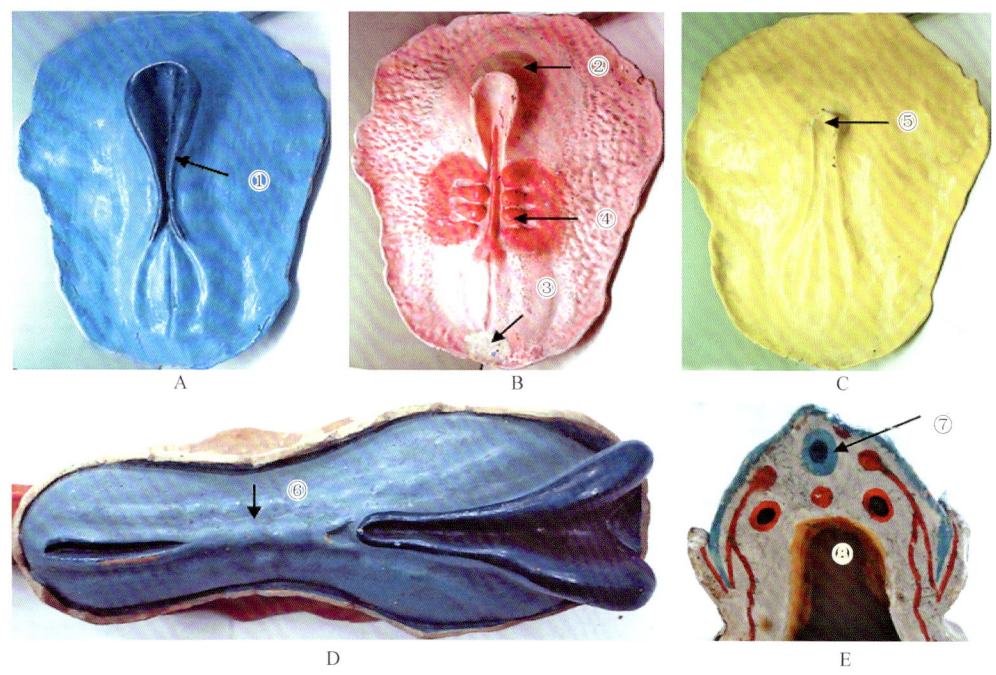

彩图 19-2 人胚三胚层模型

A. 外胚层背面观；B. 中胚层背面观；C. 内胚层背面观；D. 外胚层背面观；E. 外胚层横断面观
① 神经沟，② 口咽膜部位，③ 泄殖腔膜部位，④ 体节，⑤ 前肠，⑥ 神经管闭合，⑦ 神经管横断面，⑧ 原始消化管仍与卵黄囊相通

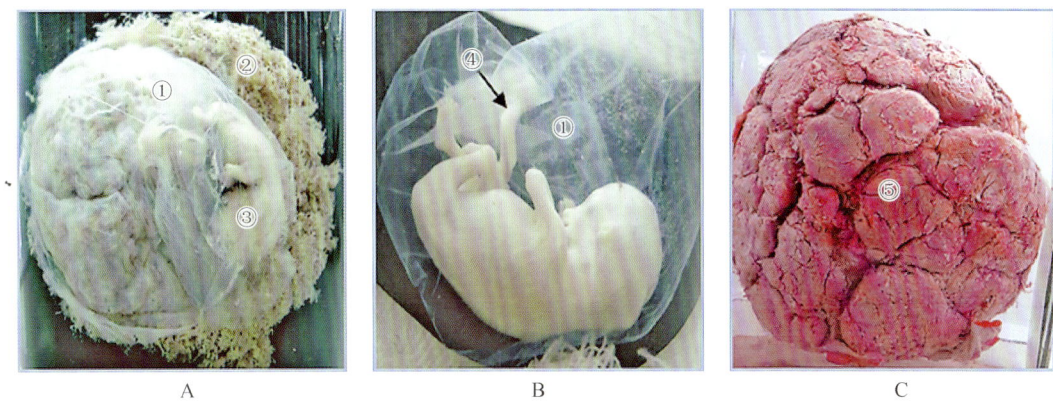

彩图 19-3　胎膜与胎盘
A. 第 3 个月胎儿和胎膜标本；B. 第 4 个月胎儿和胎膜标本；C. 足月胎盘母体面
① 羊膜，② 丛密绒毛膜，③ 胎儿，④ 脐带，⑤ 胎盘小叶